古典文獻研究輯刊

二八編

潘美月・杜潔祥 主編

第 **8** 冊

言出法隨：《採運皇木案牘》校箋與研究（上）

瞿 見 著

國家圖書館出版品預行編目資料

言出法隨：《採運皇木案牘》校箋與研究（上）／瞿見 著 ——
初版 — 新北市：花木蘭文化事業有限公司，2019〔民 108〕
目 8+164 面；19×26 公分
（古典文獻研究輯刊 二八編；第 8 冊）
ISBN 978-986-485-685-5（精裝）
1. 採運皇木案牘 2. 研究考訂
011.08   108001133

ISBN-978-986-485-685-5

9 789864 856855

古典文獻研究輯刊
二八編　第 八 冊　　　　ISBN：978-986-485-685-5

言出法隨：《採運皇木案牘》校箋與研究（上）

作　　者　瞿見
主　　編　潘美月　杜潔祥
總 編 輯　杜潔祥
副總編輯　楊嘉樂
編　　輯　許郁翎、王筑　美術編輯　陳逸婷
出　　版　花木蘭文化事業有限公司
發 行 人　高小娟
聯絡地址　235 新北市中和區中安街七二號十三樓
　　　　　電話：02-2923-1455／傳真：02-2923-1452
網　　址　http://www.huamulan.tw 信箱 hml810518@gmail.com
印　　刷　普羅文化出版廣告事業
初　　版　2019 年 3 月
全書字數　263836 字
定　　價　二八編 12 冊（精裝）新台幣 30,000 元

言出法隨：《採運皇木案牘》校箋與研究（上）

瞿見　著

作者簡介

瞿見，德國海德堡大學博士候選人，德國馬克斯‧普朗克歐洲法律史研究所（MPIeR）訪問學者。清華大學法學碩士（2015），西南政法大學法學學士（2012），西南大學文學學士（2012）。曾在法國巴黎政治大學（Sciences Po）、德國馬克斯‧普朗克比較公法與國際法研究所（MPIL）學習訪問。曾任《清華法律評論》副主編，《中華大典‧法律理論分典》編委。研究方向爲法律理論與法律文獻、比較契約法及比較信託法，並專注清水江文書的相關研究。

提　要

　　《採運皇木案牘》（以下簡稱《案牘》）爲清代抄本，藏於中國科學院國家科學圖書館。該抄本主要記載了乾隆時期湘黔兩地採辦皇木的活動，其內容包括例木採辦的一般性規程、相關公文書及採辦人員間的往來信函等，生動展現了清代例木採辦的制度和實踐細節，是極爲珍貴的歷史文獻。

　　《案牘》的研究價值毋庸贅述，尤其在晚近勃興的「清水江文書研究」中，這一材料的出現使清水江域內外材料的互校、互證得以可能。《案牘》的價值還在於，其所載並未止於「官樣文章」，更因採辦人員的個人活動而存留了大量生活情事，藉此得以求證王朝制度在實踐中的眞實展開。該抄本對採辦過程中的諸多秘辛毫不諱言，逕直載於紙上，使後人得以窺見王朝官員在政府與市場的夾縫中長袖善舞、轉圜操縱的新奇景象。

　　本書分爲兩個部分。第一編是《案牘》的整理及研究：先從「文本」與「抄本」兩個角度，討論《案牘》的形成與抄傳；次以「重述」的方式，對《案牘》文本進行體系化重構；最後通過分析衝突治理中的「國家律法」，嘗試揭示《案牘》內在的敘事理路。第二編則爲《案牘》的點校及箋注：將《案牘》依據原抄本分定卷次，離析章句，參照上下文本，輔以諸方資料校訂全文，考詳字詞，箋注釋明，以資學人。

下　冊

第一編

《採運皇木案牘》整理及研究

第一章　緒論：《採運皇木案牘》與「言出法隨」的意蘊

一、題解與既有研究

　　《採運皇木案牘》（以下均簡稱「《案牘》」）爲清代抄本，不著輯人，現藏中國科學院國家科學圖書館（中國科學院文獻情報中心），全一冊，計 117 頁（外「書單」一頁）。其主要內容是清代乾隆年間湘、黔兩地的兩次皇木採運的相關文書及信函。〔註 1〕作爲極爲珍貴的一手文獻，《案牘》的研究價值毋庸贅述，其已漸次得到海內外學者的廣泛關注，目前已有相當數量的利用《案牘》文本進行研究的文獻。〔註 2〕

─────────────

〔註 1〕　關於清代皇木採運的制度和歷史，參見藍勇：〈明清時期的皇木採辦〉，《歷史研究》1994 年第 6 期；蔣德學：〈明清時期貴州貢木及商業化經營的演變〉，《貴州社會科學》2010 年第 8 期。另外，關於清代「例木採辦」與「皇木採辦」二者之間的關係，前者是指工部指定南方部分省份動支正項歲解木料，而在民間習慣稱之爲「皇木採辦」。參見周林、張法瑞：〈清代的皇木採辦及其特點〉，《農業考古》2012 年第 1 期，第 228 頁。

〔註 2〕　目前可見的相關文獻，參見相原佳之：〈清代中國における森林政策史の研究〉，東京大學 2009 年博士論文；相原佳之：〈清代中期，貴州東南部清水江流域における木材の流通構造－『採運皇木案牘』の記述を中心に－〉，《社會經濟史學》（72-5），2007 年 1 月；相原佳之：〈清代貴州省東南部的林業經營與白銀流通〉，載張新民主編：《探索清水江文明的蹤跡——清水江文書與中國地方社會國際學術研討會論文集》，成都：巴蜀書社 2014 年版；高笑紅：〈清前期清水江流域的木材流通與地方社會研究——以《採運皇木案牘》爲中心的研究〉，上海：復旦大學歷史系 2014 年碩士學位論文；高笑紅：〈清前期湖南例木採運——以《採運皇木案牘》爲中心〉，載張新民主編：《探索清

　　尤其，在晚近勃興的「清水江文書研究」中，這一材料的出現使清水江域內外資料的互校、互證得以可能；並且，因其詳實可信的記載和描寫，補充了典章政書或民間契字背後的歷史細節，使這一文本的重要性更加彰顯。

　　在一個更為廣闊的意義上，通過這些案牘與典章政書的比照，亦可以求證王朝制度在實踐中的真實展開。《案牘》的價值還在於，其所載並未止於「官樣文章」，更因採辦人員的個人活動而存留了大量生活情事，藉此得以具體展示清代的政府與市場，及活動於其間的官員、吏役與商民之間層次豐富的互動。該抄本對採辦過程中的諸多秘辛毫不諱言，徑直載於紙上，使後人得以窺見王朝官員在政府與市場的夾縫中長袖善舞、轉圜操縱的新奇景象，〔註3〕從而還原了另一種意義上的歷史真實。

　　然而，由於《案牘》尚未得正式點校刊布，學者多僅得以轉引其部分，在傳抄中難免出現魯魚亥豕之憾。這些瑕疵未必直接影響相關論證，但畢竟會使這些討論的延展有所折損。釋文及其傳抄之中的舛誤僅舉隅如下：〔註4〕

　　（1）頃接〔韜〕（翰）教（卷三之十八〈致宋公（五）〉）；
　　（2）明知委員例限將屆（，）勢難相強，不得不用重價〔白〕（向）買

水江文明的蹤跡——清水江文書與中國地方社會國際學術研討會論文集》，成都：巴蜀書社 2014 年版；王振忠：〈徽、臨商幫與清水江的木材貿易及其相關問題——清代佚名商編路程抄本之整理與研究〉，載《歷史地理》（第 29 輯），上海：上海人民出版社 2014 年版；程澤時：〈市場與政府：清水江流域「皇木案」新探〉，《貴州大學學報》（社會科學版）2016 年第 1 期；林芊：〈清初清水江流域的「皇木採辦」與木材貿易——清水江文書・林契研究〉，《原生態民族文化學刊》2016 年第 2 期；林芊：〈明清時期清水江流域林業生產與木材貿易研究的思考——清水江文書・林契研究之一〉，《貴州大學學報》（社會科學版）2016 年第 3 期；王宗勳：〈好訟與無訟：清代清水江下游兩種不同權利糾紛解決機制下的區域社會〉，《貴州大學學報》（社會科學版）2016 年第 6 期；許存健：〈清代辰關與沅水流域商品流通研究〉，天津：南開大學歷史學院 2017 年碩士學位論文；王宗勳：《清水江木商古鎮——茅坪》，貴陽：貴州民族出版社 2017 年版；Zhang Meng, 'Timber Trade along the Yangzi River: Market, Institutions, and Environment, 1750-1911,' Los Angeles: Dissertation, University of California, Los Angeles, 2017；王宗勳：〈試論清水江木商文化〉，《貴州大學學報》（社會科學版）2018 年第 2 期；徐曉光：《清水江流域傳統商貿規則與商業文化研究》，北京：社會科學文獻出版社 2018 年版。
〔註3〕例木採辦之「難行緣由」，可參見〈奏為陳明江西省採辦例木難行緣由事〉，藏中國第一歷史檔案館（檔號：03-4519-003）。
〔註4〕以下引文來自三篇相關研究論文所舉出之釋文。六角括號內係應刪去之錯訛文字、符號，圓括號內係核校原抄本後應添加之修訂文字、符號。每條之後均列出本書分定的篇目卷次。

（卷二之一〈稟藩憲〉）；

　　（3）近來大木甚少，〔烏〕（爲）能擇其剛合式者而買之（卷三之九〈致居停（四）〉）；

　　（4）至〔今〕（令）親所要桅木；〔晚〕（既）聞漢口亦可貨售（卷三之十八〈致宋公（五）〉）；

　　（5）遙想近水樓〔屋〕（臺）（卷三之六〈致宋公（二）〉）；

　　（7）至吾哥以鈕公不勝勞〔瘴〕（瘁）（卷三之十七〈致居停（七）〉）；

　　（8）正要帶〔用〕（同）商販（卷二之十四〈移遠口司（一）〉）；

　　（9）與弟相〔好〕（交）數月（卷四之二十二〈致居停（廿一）〉）；

　　（10）搭木執〔業〕（照）（卷二之二十六〈搭木執照〉）；

　　（11）又於價內〔極〕（格）外明增（卷三之二十六〈致鈕公（六）〉）；

　　（12）皮色務要鮮明，細看山〔鷟〕（驚）損壞；至〔穴〕（空）虛破爛（卷一之二十五〈辦木條款〉）。

　　以上所列，僅爲粗略揀覽。雖然《案牘》抄本的大部分字跡清晰端正，但是其中草寫、簡寫，並異體、俗字亦極多，且於專業、專有名詞多有涉及，稍有不愼，釋文即易有錯訛。無疑，若文字不確，則引證之效力自打折扣。此外，在目前的研究中，對於《案牘》的作者、年代等基本信息的印象也略存偏差，這些問題的釐清，都有賴於對抄本全文的詳細檢視和分析。

　　研究者難以獲得《案牘》之全文，亦使其研究價值不得充分展現。據此，本書依中國科學院國家科學圖書館藏原抄本分定卷次，離析章句；統合上下文本互爲參照，輔以諸方資料校訂全文，並理順文本，考詳字詞，箋注釋明，以資學人。當然，關於校箋《案牘》的嘗試，知如人常言「校書如掃落葉，旋掃旋生」，而畢竟勉力爲之。

二、「言出法隨」的意蘊

　　除了點校文本之外，本書還嘗試對文本做一些基礎性的討論。故而在第二編分列於各篇之下的箋注以外，〔註5〕在第一編中還從「文本」與「抄本」等幾個方面，對《案牘》整體的進行了梳理和研究，以期作爲後續利用之準

─────────────

〔註5〕需說明的是，在本書第一編中引用《案牘》原文並涉及其篇目時，文字均依現今繁體，以求上下文統一；而在第二編校箋中的引用，因多涉及前後文的互校，故均依原抄本文字迻錄，在書前目錄中的篇目亦復如是。

備。進一步的，以《案牘》文本爲依據，通過分析衝突治理中的「國家律法」，嘗試揭示《案牘》內在的敍事理路。以上即爲本書的基本架構，而這幾個層面的討論，或許可以被概括於「言出法隨」的主標題之中。

《採運皇木案牘》抄本中的「言出法隨」

「言出法隨」的本意，是指法令隨言詞而發出，即謂「法令一經宣佈，就嚴格執行」，多用於官府文告之中，〔註 6〕某種程度上屬於一種格式性用語。並且，「言出法隨」本身就是《案牘》中出現的語詞。在卷二之二十四〈示（四）〉中：

> 如鄉保敢於狗縱，一經訪聞，或被告發，定行一併鎖拿重究。

本府言出法隨，決不稍爲寬貸。各宜凜遵毋違。特示。

在本書中，之所以攫取這一語詞作爲主標題，所欲達致的意涵主要在於以下幾個方面。

首先，作爲標題的「言出法隨」標明了本書的兩大基本性質。其一，正因爲「言出法隨」本是官府文告的標識性用語，故而據此得以點明本書所整理校箋的文獻性質乃是屬於涉及官方的「案牘」文書一類。其二，本書的主要內容是對《採運皇木案牘》這一抄本的點校、箋注與整理研究，如果在一

〔註 6〕參見羅竹鳳主編：《漢語大詞典》（第十一卷），上海：漢語大詞典出版社 1990年版，第 4 頁。

個延展的意義上理解「言出法隨」，那麼這一工作正在於探究原抄本的文本（即「言」）之中所蘊含的制度及理路（即「法」）——因其「言」出必隨之以「法」，故而這一類似於文本訓詁的探究過程才有所必要且得以可能。

　　其次，在「言出法隨」的框架中可以嘗試容納不同層面的文本內容，進而使全書得以據之展開。《案牘》中的「言」（即文本），其來源大略即可以分為三個層面：中央、地方政府，及經辦官吏。這三個層級，由中央而地方、由制度而個人、由一般而具體，展現為生動的體系形態。而在「法」的層面，這些不同層次的「言」所揭示的，其實也正是不同面向的、幾乎一一對應的「法」。其中既包括國家律法、官府示禁，更包括採辦人員的所謂「術法」、「秘法」〔註7〕這類在經辦過程中真實起作用的「地方性知識」〔註8〕。

　　具體而言，「言」的部分說明了本書對文本的校點訓釋，幾乎對應於第二編的內容；而「法」的部分則是關於文本的闡析申衍，約略等同於第一編的章節。無論是「言」還是「法」，這兩個面向都是本書所著力探究的；而二者之間或許隱密的勾連，則更是使人興味盎然之所在。戴東原先生在〈與是仲明論學書〉中有一句名言：「由字以通其詞，由詞以通其道。」與之相類，「言」與「法」的關係或許也可以有所比照。文本性的討論和制度思想的闡釋，因之得以被寓於「校箋」與「研究」的兩個標題指向之下。而無疑義的是，無論是校箋還是研究，新「言」既出，新「法」定又相隨。再之後的剖斷，則自然以待來者。

〔註7〕參見卷三之十四〈致居停（六）〉。
〔註8〕參見克利福德‧吉爾茲：《地方性知識：闡釋人類學論文集》，王海龍、張家瑄譯，北京：中央編譯出版社2000年版，第222頁及以下。

第二章　文本與抄本：《採運皇木案牘》的抄傳

一、著錄、題名與形制

關於《採運皇木案牘》的著錄，可查得 1994 年中國科學院圖書館所編的《中國科學院圖書館藏中文古籍善本書目》中的記載：〔註 1〕

260664

採運皇木案牘不分卷

清不著輯人

清抄本

一冊一函

這大約也是目前僅見的關於這一抄本的著錄。《案牘》是否有其他版本或者是否有內容類似的其他抄本，尚不得而知。

關於這一抄本的題名，需要說明的是，「採運皇木案牘」這一名稱其實並未見於原抄本文中，這顯然是著錄者所擬定的標題。在以上著錄中，《案牘》被歸入「史部・政書類・公牘檔冊」。這一分類無疑體現了抄本內容的文書形式，即表明其屬於「案牘」文書。而在原抄本上，其實似乎另有題名。在原抄本第二頁正面上有「湖南物料價值及留札」的字樣。依據字跡位置判斷，應當屬於題寫的標題。但是，依據其藍色水筆的字跡判斷，顯係後人所寫。

〔註 1〕中國科學院圖書館編：《中國科學院圖書館藏中文古籍善本書目》，北京：科學出版社 1994 年版，第 157 頁。

也就是說，這一抄本似乎先是被命名為「湖南物料價值及留札」，而後在著錄時更訂為「採運皇木案牘」。

以此抄本的內容來看，這兩個題目都不無道理。「採運皇木」指明其中內容主旨，「案牘」則說明文書形態；而「湖南物料價值」顯然受抄本開頭所羅列的湖南例木規格及額定價銀的影響（其後數頁也有各類物資價格的記載），至於「留札」，則當指抄本後半部的信札而言。但同時，這兩個題名也都有各自的問題。

首先，「湖南物料價值及留札」的題名，或許與中國科學院圖書館所藏的不少關於清代「物料價值」的資料有關。在以上著錄中，「公牘檔冊」的類別之前為「考工」類，其中有如「雲南省物料價值則例十卷」、「山東省物料價值則例十二卷」、「直隸省物料價值則例十八卷」及「物料價值則例存十九卷」，等等著錄。〔註 2〕「湖南物料價值及留札」的題名者顯然將其與這些材料視為同類。「物料價值則例」中確實有不少關於各類木植的尺寸、價格的記載，〔註 3〕乍看之下，與《案牘》開頭所列舉的內容極為相似，做出此一判斷本不為奇怪。但是若詳究其實質，二者仍有很大差別，《案牘》顯然與關於「物料價值」的資料並非同類文本。

其次，至於「採運皇木案牘」的題名，一個問題在於「案牘」通常而言主要指公文書，故而主要僅對應於卷二的內容，或者大略可以包含卷一及卷二的內容。但對於卷三及卷四的書信，顯然「信札」之類的描述更為合適。

但是，「採運皇木案牘」的題名既已見諸著錄，又經學人研究引用，業已流傳較廣。故而，如果較為寬泛地認為討論公事的私人信箋也可以納入「案牘」的範疇，則為研究方便故，「採運皇木案牘」的書名庶幾仍可稱適當。故此，本書也遵循這一題名。

最後，關於中國科學院文獻情報中心（中國科學院圖書館）所藏《採運皇木案牘》抄本（以下簡稱「原抄本」）的形制，大略描述如下：

（1）原抄本最外為深藍色硬紙殼函套，其四沿加布裝，無字。外函規格：長約 22.5 釐米；寬約 15 釐米；厚約 3.4 釐米。

〔註 2〕 中國科學院圖書館編：《中國科學院圖書館藏中文古籍善本書目》，北京：科學出版社 1994 年版，第 156~157 頁。

〔註 3〕 如參見乾隆《物料價值則例》凡例「工程應用物料內木植一項」及卷一，即有具體到湖南的物料價值資料。

（2）函套內裝之書脊爲藍色布底，上書有白色「採運皇木」四字，其下被所貼標籤遮蓋，不詳。該標籤寫有「善本」二字，其下又有一稍大標籤，寫有編碼「260664」。這一編碼與《中國科學院圖書館藏中文古籍善本書目》所著錄的編碼一致。〔註4〕

（3）原抄本線裝，加裝有封皮，封皮正面爲暗黃色紙，其內面爲白色內襯。封面內襯底部居中有鉛筆書寫編碼「260664」，與前書脊標籤編碼同。抄本規格：長約21.4釐米；寬約13.8釐米，書脊厚約1.5釐米，書口處厚約2.2釐米。

（4）原抄本計117頁，其內另夾有「書單」一頁，是以共計118頁。其中共缺有5面（第1、2、37、113及117頁之背面），所幸據文意及留空判斷，所缺之處本應無字，故而抄本文字尚爲完整，有字者實際爲231面。

（5）原抄本第二頁正面右下處，有疑似「封皮」二字，白色，字跡甚淡；頁面左上有疑似標籤撕去後之痕跡，似有「名」字，其背面似有一反映的「力」字。第二頁左上部寫有「湖南物料價值及留札」，當爲藍色水筆字跡。

（6）原抄本第三頁正面右下處（自此正文開始），鈐有篆字朱紋藏書印一枚，內容爲「中國科學院圖書館藏」。

（7）原抄本封底（即第117頁正面之背）左上處寫有「1-063」字樣。又有疑似「111」字跡，並塗去，均爲黑色。其下有紅色字跡「100」，再下有橫線一，字跡甚淡。

（8）原抄本書脊處疑似有墨點及淡墨漬。原抄本裝訂後仍有明顯的顏色分層痕跡，且與內文有吻合處。如第99頁與第100頁分界處，有明顯的顏色分層。考詳內文，亦是上文結束與下文起始之分別所在，明顯原係兩部分，後裝訂作一處。另外，原抄本內文紙張偶有灑金星，及其他污漬痕跡。

（9）關於「書單」，係藏於77頁之正、背二面之間，即夾於一頁之反折二面之間，若非逐面掀開檢索，萬難發現。〔註5〕該書單形制類「經折」，展開爲長方形紙片。「書單」共計七折，故正、背二面各有八欄；正面八欄及背面前（右）三欄有字，其餘留白。第一欄爲封面，其上正中寫「書單」二字。其後書單分「大匱」上、下二部及一至六號，共八個部分。正面自「大

〔註4〕參見中國科學院圖書館編：《中國科學院圖書館藏中文古籍善本書目》，北京：科學出版社1994年版，第157頁。
〔註5〕據相原佳之博士稱，此書單係「插在77葉（其開復…）的小紙片上寫的文字」。

匱」至「四號」止，背面自「五號」至末。書單規格：寬約 7 釐米，總長約 59.3 釐米；除了最後一欄稍長外，每欄長約 7.3 釐米。

二、作者、抄本與年代

（一）英安與「某甲」

1. 英　安

在既往的介紹中，《採運皇木案牘》是與「英安」的名字緊密聯繫在一起的，因爲《案牘》的內容被認爲是湖南長沙府通判英安作爲「採木委員」的活動記載。〔註6〕故此，甚至會產生「英安」是《案牘》作者的印象。

詳查《案牘》全文，「英安」二字其實並未出現，但是確有一處直接提及其人。在卷三之十三〈致浮山程公〉中，致信者自述「乙未冬就署慈利英公之聘」。其中，「乙未」指乾隆四十年（1775 年），而此處的「慈利英公」即指時署任慈利縣知縣的「英安」。

除此之外，《案牘》中尚有數次隱約指明「英安」身份的情況。如卷二之二十九〈移覆長沙府〉中，發文者自述「乾隆四十四年十二月內，奉委署通道縣事」等，查與英安履歷相符。再如卷二之二十八〈旗員之子詳請留署幫辦公事〉中有發文者自述履歷，對比查照，與英安之履歷完全一致。雖然文中本應爲姓名之處均以符號代替，但足可證其爲英安之自述。故而，可以判定《案牘》之記載確與英安的採木活動相關。

根據《案牘》及其他相關材料，可以較爲全面地整理出英安的生平履歷。〔註7〕英安，正藍旗滿洲伊林泰佐領下文生員。乾隆二十八年（1763 年），補授起居注筆帖式；乾隆三十五年（1770 年），考補國子監助教；〔註8〕乾隆三

〔註6〕 參見相原佳之：〈清代中期，貴州東南部清水江流域における木材の流通構造—『採運皇木案牘』の記述を中心に—〉，《社會經濟史學》（72-5），2007 年 1 月，第 28 頁；相原佳之：〈清代貴州省東南部的林業經營與白銀流通〉，載張新民主編：《探索清水江文明的蹤跡——清水江文書與中國地方社會國際學術研討會論文集》，成都：巴蜀書社 2014 年版，第 551 頁。值得注意的是，後一文獻對英安身份的介紹是「湖南常德府同知」。

〔註7〕 以下以卷二之二十八〈旗員之子詳請留署幫辦公事〉內英安自述履歷爲基礎，再參酌其他文獻材料編定。關於其履歷，學者亦已有簡略總結，參見相原佳之：〈清代中期，貴州東南部清水江流域における木材の流通構造—『採運皇木案牘』の記述を中心に—〉，《社會經濟史學》（72-5），2007 年 1 月，第 30 頁。

〔註8〕 「今出有國子監助教四格一缺，查有考取記名以助教用之起居注筆帖式英安

十七年（1772 年）十二月內，保送引見，奉旨記名以撫民通判；乾隆三十九年（1774 年）四月二十八日分選，用令簽升湖南長沙府通判缺，〔註9〕於八月十二日到任所；〔註10〕又於乾隆三十九年，署理慈利縣知縣；〔註11〕其間於乾隆四十二年（1777 年），曾署常德府同知；〔註12〕又，乾隆四十四年（1779年）十二月內，奉委署通道縣事；〔註13〕乾隆五十一年（1786 年）十二月，簽升廣西平樂府永安州知州缺，〔註14〕於乾隆五十三年（1788 年）九月二十六日到任；〔註15〕後調任左州知州，於乾隆五十六年（1791 年）十二月二十

一員，應行擬補」，參見〈題爲准予英安補授國子監助教請旨事〉，藏中國第一歷史檔案館（檔號：02-01-03-06241-023）。又，「應將國子監助教英安、吳省蘭均照失於查察罰俸……查英安已升湖南長沙府通判，應於現任內罰俸一年；英安有紀錄壹次，應銷去紀錄壹次抵罰俸六個月，仍罰俸六個月」，參見〈題爲遵察國子監助教英安吳省蘭等失察逆惡捐監照例罰俸事〉，藏中國第一歷史檔案館（檔號：02-01-03-06958-007）。

〔註9〕 參見秦國經主編：《清代官員履歷檔案全編》（第 20 冊），上海：華東師範大學出版社 1997 年版，第 362、366 頁。該任據稱爲「管糧通判」，參見相原佳之：〈清代中期，貴州東南部清水江流域における木材の流通構造－『採運皇木案牘』の記述を中心に－〉，《社會經濟史學》（72-5），2007 年 1 月，第 30 頁。

〔註10〕 關於英安於長沙府通判任上事，參見〈題爲遵議湖南長沙府通判英安迴避與漢陽府通判任其昌對調事〉，藏中國第一歷史檔案館（檔號：02-01-03-07573-013）。

〔註11〕 參見卷三之十三〈致浮山程公〉：「自乙未冬就署慈利英公之聘。」查嘉慶《慈利縣志》卷五〈職官〉：「英安，正藍旗生員，國子監助教，選通判，乾隆三十九年署任；荊道乾，字健中，山西臨晉縣舉人，乾隆四十一年署任，心清氣和，斷決如神，士民愛戴，到今弗諼，後累升安徽巡撫。」

〔註12〕 參見〈題報辦解桅杉架楠木植用過價腳銀〉，藏臺灣歷史語言研究所（內閣大庫檔案 043429-001，乾隆四十二年十月二十四日）；另參見張偉仁主編：《明清檔案》，臺北：聯經出版事業公司 1986 年版，A232-011。但查嘉慶《常德府志》，未載錄。

〔註13〕 在任應自「乾隆四十五年正月初一日起，至九月初五日卸通道縣事止」，在任「計八個月零五日」。參見卷二之二十九〈移覆長沙府〉。署任通道縣知縣事，亦參見嘉慶《通道縣志》卷五〈秩官志〉；光緒《靖州直隸州志》卷七〈通道〉。

〔註14〕 參見秦國經主編：《清代官員履歷檔案全編》（第 22 冊），上海：華東師範大學出版社 1997 年版，第 279、290 頁。另外，「任內有加一級，改爲紀錄一次，照例帶於新任」，參見〈題爲開列簽升廣西永安州知州英安簽升直隸廣平縣知縣陳鶴翔履歷列名具題事〉，藏中國第一歷史檔案館（檔號：02-01-03-07688-019）。

〔註15〕 參見〈題爲遵議廣西巡撫等題請以英安調補左州知州繆琪署理永安州知州事〉，藏中國第一歷史檔案館，藏中國第一歷史檔案館（檔號：02-01-03-07872-003）。

日到任，被認為「為人誠實，辦事勤慎，能耐煙瘴，以之調補左州知州，實屬人地相宜」，在該任上直至嘉慶年間。〔註16〕

當然，英安於其間奉委派辦理例木多次，如乾隆四十二年、乾隆四十六年（1781年）、乾隆五十一年。〔註17〕而與《案牘》中記述相關的主要是乾隆四十二年與乾隆四十六年的兩次例木採辦經歷。

2.「某甲」：作者與輯者？

《案牘》的作者是否是英安呢？如果以前面提及的卷二之二十八〈旗員之子詳請留署幫辦公事〉及卷二之二十九〈移覆長沙府〉來看，其作者應當是「英安」。或者更為嚴格地說，其署名者或發文者應當是「英安」，即此兩份公文是以「英安」的名義發出的。以此來看，《案牘》中所收錄的公文書的發文者其實大都是「英安」，而其具體執筆者可能是英安，也可能另有捉刀之人。但問題在於，篇幅更大的卷三、卷四中所收錄的大量信札，則顯然不是英安的筆墨。

以這些信札的文意內容判斷，其發信人應為同一人。〔註18〕主要原因是這些信札所記載的事件前後連續，對同一收信人的稱謂及表達方式一以貫之。然而可惜的是，發信人的姓名並未留存。故而，以下姑以「某甲」代稱之。

饒是如此，依據《案牘》中的線索，仍可儘量分析出某甲的背景。最為直接的記載，即是前曾提及的卷三之十三〈致浮山程公〉中，某甲關於自己大致經歷的自述：「自乙未多就署慈利英公之聘，鹿鹿年餘。九月底，因居停

〔註16〕「至嘉慶元年十月二十日止，實歷邊俸已滿五年」，參見〈題報太平府左州知州英安邊俸已滿五年照例在任聽候陞用〉，藏臺灣歷史語言研究所（內閣大庫檔案065411-001，嘉慶元年十二月十八日）；〈吏部題覆州官俸滿稱職應准在任候升〉，藏臺灣歷史語言研究所（內閣大庫檔案002658-001，嘉慶二年四月七日）；另參見張偉仁主編：《明清檔案》，臺北：聯經出版事業公司1986年版，A276-100。並參見〈題為遵議廣西巡撫等題請以英安調補左州知州繆琪署理永安州知州事〉，藏中國第一歷史檔案館（檔號：02-01-03-07872-003）；〈題為會議將廣西省造哨船咨部核銷造冊遲延之署左州事太平土州州同戴霆等議處事〉，藏中國第一歷史檔案館（檔號：02-01-03-08427-011）。

〔註17〕關於乾隆五十一年事，〈工部為舡隻過境事〉言及「湖南委員英安管解運京木植」，參見〈工部為舡隻過境事〉，藏臺灣歷史語言研究所（內閣大庫檔案194426-001，乾隆五十一年八月初一日）。

〔註18〕參見相原佳之：〈清代貴州省東南部的林業經營與白銀流通〉，載張新民主編：《探索清水江文明的蹤跡——清水江文書與中國地方社會國際學術研討會論文集》，成都：巴蜀書社2014年版，第553頁。

奉辦例木，現至貴州黎平府之卦治寨，採買楠、段木植。」此中顯示，某甲曾於乾隆四十年受聘於時署慈利縣知縣英安。

某甲的身份，在《案牘》中被表述爲「丁役」：[註19]「查採辦例木，向在苗地、托口、德山水次採買，並於靖州地方，如訪有楠木，亦應往購。是委員一身，勢難處處親到，事事親辦。不得不遴選丁役，分路趕辦，方無貽誤。」[註20] 所謂「丁役」，即由於採辦例木的任務涉及湘、黔多處地方，委員分身無術，所以需要「遴選丁役，分路趕辦」。卷三、卷四的信札中所反映的，也是這一基本模式：某甲及文中之「鈕公」、「宋公」等人分在各處，而「居停」則居中調度。在此，「委員」自然係指英安而言，而「丁役」，則當用以稱呼某甲。

某甲的社會關係在信札中也有所體現。如其「業師」爲黔陽之「葉先生」，[註21] 其又與芷江縣「內幕樊碧堂先生」交好，[註22] 其「家兄」與黎平府知府吳太尊（吳光廷）「同寅相好」，故而某甲亦與其「晤談半夜」，[註23] 等等。[註24] 另外，其與英安夫婦關係匪淺，即便在公務之外也備受關心。幾位丁役互相之間的稱謂，均爲「某公」或「某先生」。並且，某甲還帶有「小價」。[註25] 以此類交遊及其他種種跡象而言，某甲或許並非地位一般的「丁役」。

回到卷三之十三〈致浮山程公〉上來，這一封信的目的，是由於某甲聽聞其處「有盜案未獲，將及四參，恐干吏議」，所以爲其出謀劃策，給出了專業意見，並交代「現在芷邑內幕樊碧堂先生，係乙交好，便中祈與說明，懇其照應」。[註26]

[註19] 在既往的研究中，這些人員的身份均以「丁役」表述。參見如相原佳之：〈清代貴州省東南部的林業經營與白銀流通〉，載張新民主編：《探索清水江文明的蹤跡——清水江文書與中國地方社會國際學術研討會論文集》，成都：巴蜀書社2014年版；高笑紅：〈清前期清水江流域的木材流通與地方社會研究——以《採運皇木案牘》爲中心的研究〉，上海：復旦大學歷史系2014年碩士學位論文。

[註20] 卷二之一〈稟藩憲〉。

[註21] 卷三之十三〈致浮山程公〉：「昨過黔陽時，得見敝業師葉先生。」

[註22] 卷三之十三〈致浮山程公〉：「現在芷邑內幕樊碧堂先生，係乙交好。」此處的「乙」乃原抄本符號，代指本人姓名，如言「係某交好」。

[註23] 卷四之三〈致居停（十三）〉：「廿二日，黎平府吳太尊因公到此，弟與晤談半夜。緣渠與家兄同寅相好，敍及誼誼，深承垂愛。」

[註24] 某甲的具體交遊情況詳見下文分析。

[註25] 參見如卷四之十四〈致鈕公（十二）〉。

[註26] 卷三之十三〈致浮山程公〉。

之所以稱之為專業意見，是因為完全可以以之說明某甲的專業能力。詳細而言，程公處的問題是「將及四參」，本應降級，但是程公為「無級可降之員」。某甲查詢律例，發現在這一情況下需要詢問該管官的意見：如果其表示認可，則可以革職留任，三年無過，准予開復；但是如果其並不認同的話，方才直接革職。故而某甲表示「此案猶可挽回」，關鍵在於「於四參之時，懇求縣尊於詳文內加以考注，聲請留任」即可。如果僅僅是查詢律例，顯然不足以顯示其專業能力。某甲隨後又提及了這一條文的一項修訂，即乾隆三十八年（1773 年）貴州按察使國棟的奏議：「無級可降之員，即行革職，毋庸詢問。」這等於取消了可能的經由該管官的意見而保留官職的選項。但是某甲表示，「居官者，乃專指改遣重犯逃脫，限滿未獲而言，並非一概而論也」。所以其認為，這一修訂並不適用於程公的情況。隨後，某甲還特意「將原例抄呈」，叮嚀「萬勿聽他人錯認條例，故為刁難」。〔註27〕

從這一問題的處理意見中，可見某甲對於律例規定及其實踐操作的熟稔。故而，無論從其交遊、能力、見識，或是辦理的事務及與英安之關係，綜合諸多方面來看，其或許並非為服力役的常謂之「丁役」，〔註28〕而更接近於幕友。雖然並未查見記載專門負責「採木」的「幕席」，但是在常見的「刑名」和「錢穀」之外，幕友的分工其實極為多元。例如，負責徵收錢糧的即有「徵比師爺」。〔註29〕某甲就聘之時，英安尚未開始例木採運的工作，某甲起先或許負責其他方面的事務。

某甲「幕友」的身份在其他一些方面也有體現。首先在稱謂上，如某甲對英安的稱呼為「居停」，而「居停」本身就常為「幕主」之稱呼。〔註30〕除此之外，有時還稱其為「吾哥」，〔註31〕則更突顯二人關係之密切。又如，某甲對自己的描述為「就署慈利英公之聘」，也是幕友身份的體現。此外，某甲

〔註27〕以上均參見卷三之十三〈致浮山程公〉。

〔註28〕同樣在類似的採辦木植事宜中，採辦人員還有被稱作委員之「家丁」之例。如「查無江蘇委員樊學淦家丁在境買木」，即所謂「遣丁赴買」之「丁」指「家丁」。這似乎較「丁役」更符合其身份的描述。參見〈奏為查明委辦例木之通判採運遲延先行摘去頂戴事〉，藏中國第一歷史檔案館（檔號：04-01-35-0231-019）。

〔註29〕參見郭潤濤：《官府、幕友與書生──「紹興師爺」研究》，北京：中國社會科學出版社 1996 年版，第 105 頁及以下。

〔註30〕如參見項義華：〈晚清新政與浙江近代教育轉型〉，載林呂建主編：《浙江歷代地方政府與社會治理》，杭州：浙江人民出版社 2010 年版，第 174 頁。

〔註31〕如參見卷三之二十八〈致居停（十）〉。

對一些案牘情事的瞭解乃至敏感，也間接說明了這一身份。如在聽聞皇太后昇天憂詔頒出時，立刻詢問「其中有緊要而應遵行者，祈飭房照抄一紙寄來為禱」。〔註32〕再如，居停詢問交接款項時，表示「慈利接手交代各款，係錢穀耑司，弟所經手，惟接收硝價總數一筆，及本任內領發各數也」。同時，立即提醒道「封套內並無紅單，祈即札致永定吳公取來核辦」。〔註33〕此方面的例證還有很多，不一一列舉。

　　無疑問的是，卷三、卷四之中的信札，應均為某甲所作；而卷一、卷二之中的公文及其他文牘資料，是否由某甲捉刀則不得而知。但是，信札中確實記載了某甲寫作公文的情形，如「已於初七，備文移明天柱縣追究」。〔註34〕再如，「閱悉尊處自奉辦木植後，未將辦得若干之處，具文申報，以致飭催。今特謬擬兩稿，祈核行」。〔註35〕這一描述說明，某甲確曾為英安擬稿，而後由其「核行」。同時，這本來也是幕友的分內之職。故而，就作者的角度而言，某甲起碼是《案牘》中占一半篇幅的信札的作者，並且有可能是其他公文書的代筆者。

　　據此或許也可以推斷，《案牘》的輯集者可能也是某甲。卷三、卷四的信札在一定程度上隱去了相關姓名及具體信息，應當被視為「信底」或「信根」。所謂信底，是指「寫信人為了在日後查閱，而於發出書信原件之前抄謄而成的原信內容」，這與「書信活套」不同。〔註36〕這些信函常彙編成冊，較成規模，容易全面展示所敘述的事件。〔註37〕而卷一、卷二之中的內容，應也是相應抄錄留存的公文檔案。從《案牘》中可以發現，某甲留意搜集「秘法」，〔註38〕及請教「木差利弊」。〔註39〕故而，其輯存相關文獻資料的動機自此方面則完全可以解釋。

　　另外的一個證據是，發出的公文檔案或許可以為其他人所獲得並抄存，

〔註32〕卷四之三〈致居停（十三）〉。

〔註33〕以上參見卷四之十三〈致居停（十七）〉。

〔註34〕卷四之五〈致居停（十四）〉。

〔註35〕卷四之二十三〈致居停（廿二）〉。

〔註36〕參見王振忠：〈抄本《信書》所見金陵典鋪夥計的生活〉，載《古籍研究》2004年卷下（總第46期），合肥：安徽大學出版社2004年版，第293頁。

〔註37〕參見王振忠：〈古代書札：傳統社會的情感檔案〉，載《歷史學家茶座》（第7輯），濟南：山東人民出版社2007年版，第40頁。

〔註38〕參見卷三之十四〈致居停（六）〉。

〔註39〕參見卷四之二十二〈致居停（廿一）〉。

但是某甲的「信底」顯然不會隨意流傳出去。故而，較其他人而言，某甲彙集存留自己發信的「信底」，並收集（可能是自己代寫的）採木相關的公文，顯然更爲合理。

至此，我們基本上可以判定，「英安」雖然是《案牘》文本所涉及的諸多事件的「主人公」，但是對於作爲整體的《案牘》抄本而言，其既非作者，亦非輯者。這兩個身份很有可能應當歸於某甲。雖然無從查考其姓名履歷，〔註40〕但是我們可以大致判斷的是，其人係乾隆四十年就聘於慈利縣知縣英安的「幕友」，並於乾隆四十一年（1776 年）起，隨之赴湘西黔東辦理例木事宜。關於這一或然的作者、輯者的身份狀態的認知，對進一步理解文本無疑極爲重要。

（二）複數的抄本

雖然目前僅查知一件抄本，但是仔細研究可以發現，《案牘》的抄本或許並非單數。最爲明顯的證據是原抄本一處難得的段落重複（見卷三之十四〈致居停（六）〉）：在原抄本第 78 頁背面「所謂」句開始至結束的內容，與其後第 79 頁正面「所謂」句開始至「肅此布覆＝＝」的內容，二者重複。

這兩處重複段落有兩個特點。第一是雖然文本大致重複，但是在具體細節上二者多有出入。如上一段之「今吾哥精明素著」，下一段作「今吾哥精明素著，交友以義」，多出「交友以義」四字。又如，上一段之「五、六月間」，下一段作「四、五月間」。除此之外，在用字上也有區別，如上一段之「臟」，下一段作「臓」；上一段之「托口」，下一段爲「托口」，等等。〔註41〕

其次，前後兩段的筆跡顯著不同。並且，自此往後直至卷三結束部分的筆跡都與前、後文有區別。而這一部分之後（即第四卷開始）的筆跡，與這一部分之前的筆跡一致。另外，關於前面所說的用字選擇，在這一部分內部的用字選擇相對統一，而與前、後文的用字選擇有所區別。據此基本上可以判定，這一部分其實與其他部分並不屬於同一個連續書寫的抄本。爲了便於敍述，此時姑且將第 79 頁正面「所謂」句開始至卷三結束的部分稱爲《案牘》「乙本」，而將其前、後字跡一致的部分稱之爲《案牘》「甲本」。

〔註40〕關於某甲的籍貫，可以大略推知。在卷三之二十〈致錦屏縣王捕公〉中，其在開頭言及「梓里名賢，久深欽仰」，又談及「鄉誼篤摯」，可見二人乃同鄉。查光緒《黎平府志》卷六上〈秩官志〉：「錦屏典史，王正學，浙江人。」故某甲應與「王捕公」同爲浙江人。
〔註41〕二者具體區別，參見第二編本篇之校箋。

甲、乙本的區別,是否意味著存在兩個不同且獨立的抄本呢?首先,這至少說明不止存在一個《案牘》抄本。如果說「五、六月間」與「四、五月間」這一文字的區別還存在抄寫錯誤的可能的話,那麼多出「交友以義」四字的情況,則顯然說明甲本在抄寫時漏寫了這一部分。否則,很難想像乙本的抄寫者在抄寫時突發奇想,自己添加上了此四字。故而,這起碼說明,《案牘》的抄本確實是依據某一更加原始的文本(「母本」)抄寫完成的,方才可以解釋此類文字區別的存在。

其次,據以上的推斷,在邏輯上則存在兩個可能。其一,甲、乙本其中之一其實為「母本」,另一抄本乃據之抄寫完成,最後從甲、乙本中分別抽取部分,裝訂成現在的抄本。其二,甲、乙本之外另有「母本」。又在此情況下,第一種可能是,所謂的甲、乙本其實是不同抄手合作抄寫的一個抄本,都是據另外的「母本」抄寫完成的;第二,甲、乙本原是依據另外的「母本」的兩個獨立抄本,後來被分別抽取部分裝訂成冊。

合作抄寫這一可能性的最大證據在於甲、乙本基本上前後連貫。而最大的問題亦即在於,如果本意是合為一個抄本,何以中間有近一面的篇幅是重複的。另外,仔細檢視原抄本,可以發現乙本的重複段落之起始「所」字之右上有「┐」標記,該段之末「布覆==」之左下有「└」標記。此二標記似乎表示框限該重複之段落,或許可以被理解為在合為一冊後對重複段落的刪除或者標出。

除此之外的一個問題是,第 79 頁的起始(即乙本的起始),是一封信函的中間段落,很有可能其前本來還有同一信函的前面部分。如果二人合作抄寫,似乎應當分配好抄寫任務,而不應當出現此類問題。目前的樣態,似乎更接近於從兩個相對完整的抄本中抽取相關部分匯總成冊。而之所以要自兩個抄本匯總,原因則不易揣度,如抄本有部分損毀需要補足等等情況。並且顯然的是,甲本較乙本的字跡更加工整、嚴謹,乙本相對來說更類似於草稿。

但無論如何,無疑義的是《案牘》的抄本是以複數形式存在的。其形成的過程或可大略描述如下:在最原始的文本(正式發出的公文書、信函等)以外,先有逐步的案牘搜集、抄錄及信底留存,〔註42〕而後由人輯集、抄錄成冊。在此之後,是否還有延伸的傳抄,則暫時不得而知。

〔註42〕信底應當是逐次分別留存下來的,而《案牘》抄本中的筆跡無疑是連貫的。故而《案牘》抄本顯然不在此一階段。

（三）年　代

關於《案牘》的形成年代，既往研究中常給人以「1781 年」（即乾隆四十六年）的印象，因為這是文中第二次例木採運的時間。但這顯然並不準確。具體而言，這一問題需要分別從文本（text）與抄本（manuscript）兩個方面來探討。

就文本而言，其形成（即撰作完成）的時間相對明確，大致的年代跨度約在乾隆四十一年至四十七年之間。《案牘》所述為英安奉辦「丁酉年（乾隆四十二年）例木」及「辛丑年（乾隆四十六年）例木」的經過，兩屆例木的採辦均自前一年開始啓動（任命、領銀、赴產地採辦），[註43] 至當年下半年啓程北運，約至轉年後才運到交收，前後涉及三個年份，歷時約兩年。故而，相關文書的作成時間當為乾隆四十一年至四十三年（1778 年），[註44] 及乾隆四十五年（1780 年）至四十七年（1782 年）。[註45]

而關於落實於紙面的《案牘》抄本的形成（即輯錄、抄寫完成）年代，則相對模糊。原抄本中既無年代簽署，也沒有其他記載可以查證。對於這一問題，似乎僅得以通過原抄本中避諱字的使用，[註46] 大致瞭解其年代區間。其中最為明顯的是附卷之三〈藥方〉中的「玄胡」，其中「玄」字缺末筆，顯係避康熙玄燁諱。但文本之形成已在乾隆後期，故而重點考察的避諱字是嘉慶（顒琰）及道光（旻寧）。

嘉慶朝的避諱字並不常見，但是道光朝之「寧」字在《案牘》中多有出現。地名如「安慶府懷寧縣」、「江寧鎮」、「濟寧州」、「觧到江寧」，[註47] 再如「寧遲毋錯」、[註48] 「總以寧饑勿飽，寧暖勿涼」，[註49] 等等。案，張惟驤《歷代諱字譜》：「寧，清宣宗名旻寧，諱『寧』改心字為一畫

〔註43〕兩屆例木均為前一年九、十月開始赴黔採辦，而「委牌到日」為五月底。參見卷一之一〈湖南解京例木〉；卷二之十五〈移天柱縣〉；卷三之十三〈致浮山程公〉。

〔註44〕卷一之二十三〈過關甘結〉署有作成日期「乾隆四十三年二月〔某〕日」。

〔註45〕卷一之二十四〈繳關防文〉可以推斷為「辛丑年」（乾隆四十六年）九月六日啓程前所作。《案牘》中雖很難發現直接涉及乾隆四十七年的標識，但是辛丑年例木由當年九月啓程，依據前一屆經驗，至張家灣交收的時間當在四十七年。

〔註46〕關於避諱字，參見宋子然：《訓詁學》，成都：電子科技大學出版社 2012 年版，第 32~34 頁。

〔註47〕卷一之十七〈常德府德山至張家灣水路程途〉。

〔註48〕卷四之十三〈致居停（七）〉。

〔註49〕卷四之二十四〈致居停（廿三）〉。

一撇。」〔註50〕黃本驥《避諱錄》卷一：「敬改作『寕』。」〔註51〕《案牘》抄本中的「寧」字均作「寧」，或即為避道光諱。如果這一避諱字成立的話，大概可以說明《案牘》抄本至早作成於道光年間。

又，張惟驤《歷代諱字譜》：「咸豐四年，諭以『甯』字代」。〔註52〕據研究，道光時作「寧」字者較多，自咸豐後，大多改作「甯」字。〔註53〕二者可互證。而《案牘》抄本中並未見「甯」字，則說明《案牘》抄本或非咸豐之後的抄本。據此，因其僅改「寧」為「寧」而不作「甯」，或即表明該抄本正作成於道光年間。

除了避諱字，另外一個可以參照的指徵是附卷之四〈書單〉。這份「書單」雖然夾於《案牘》抄本之中，但是物質上並非與抄本相連，且字跡與上述甲、乙本的字跡均有區別。〔註54〕完全有可能是後人將其夾入原抄本之中，或者早於抄本即已抄成。故而，不易說明其抄寫時間與《案牘》抄本之主體是否一致，甚至是否有關聯。但是，僅基於一種隱含關聯的可能性，〔註55〕可以暫且討論「書單」的年代。

「書單」中並無年代的標示，但是通過探查其所收錄的書目的成書時間，可以確定這一「書單」形成的年代上限。〔註56〕除了極少數尚未查知的書目，「書單」中絕大部分書目均成書於清前期以前。個別年代較晚的如《瑞雲錄》，約成書於嘉慶九年（1804 年），又如《寄嶽雲齋》，有嘉慶十二年（1807 年）刻本等。故此「書單」的撰成上限當在嘉慶年間。另外尚需考慮的是，甫一成書未必即得以立刻流傳並被寫入「書單」。如果以此分析，其與前述《案牘》主文約略抄於道光年間的分析似乎相合。

各種跡象表明，《案牘》抄本的形成年代似乎要比其文本撰作的時間晚得多。以最小間隔計算，道光元年（1821 年）距乾隆四十七年也近四十年。無

〔註50〕張惟驤：《歷代諱字譜》，武進張氏刻小雙寂庵叢書 1932 年本。
〔註51〕黃本驥：《黃本驥集》，劉範弟校點，長沙：嶽麓書社 2009 年版，第 322 頁。
〔註52〕張惟驤：《歷代諱字譜》，武進張氏刻小雙寂庵叢書 1932 年本。另參見王彥坤纂：《歷代避諱字彙典》，鄭州：中州古籍出版社 1997 年版，第 332 頁。
〔註53〕參見李國強：〈清代殿本古籍中的避諱實例分析〉，《藝術市場》2007 年第 1期，第 103 頁。
〔註54〕「書單」中的字跡均為小字，其書寫本來就應與《案牘》抄本不同。
〔註55〕需要說明的是，「書單」中記載有不少幕府專業書籍，如《則例便覽》、《刑錢必覽》等等，與某甲的幕友身份相符。以此判斷，其與《案牘》抄本二者之間未必沒有關聯。
〔註56〕關於「書單」中書目成書時期的具體考察，參見第二編該篇的校箋。

疑,文本形成時間與抄本形成時間之間的間隔越長,則說明這一文本的傳播區間愈久,愈間接證明文本的價值,其中的衍變也愈多樣複雜。申言之,如果乾隆年間的文本在道光年間仍被抄寫流傳,則愈加說明其至少具備一定範圍內的普遍應用性,而對後續類似情事的處理有所指導。

三、文本的結構與析分

《案牘》原抄本並無卷次,著錄中亦稱「不分卷」。〔註57〕但為了便於閱讀,也為了凸顯其文本的結構,校箋本將原抄本進行了分卷處理,並在其下進一步析分設置了篇目。以下,即交代析分《案牘》卷、篇的具體緣由。

(一)文本的結構

粗讀即使未經整理的原抄本,也不難發現其本身存有的內在文本結構。最為明顯的是,在編排上,相近的文類基本彙集在一起。以原抄本的排序而言,基本上是先羅列例木採運相關的各類規程,次以各式公文書,再接續以私人往來信札。研究者對此亦有類似的概括,〔註58〕將其歸納為三個部分,分別為「例木調達運送關係;乾隆四十六年英安發出的公文;乾隆四十二年丁役發出的尺牘」。

原抄本的此種排布順序,有著明顯的「層級感」。列於最先的,是行政、法律以及技術層面的規範。其所發生的場域,在於採運例木的全過程,從「立關」採辦,至「抵灣」交卸,貫穿整個時間線軸。更為重要的是,除了少數場景,絕大部分的規程都是相對一般性的。這意味著,這些記載並不是針對某一次特定的例木採運而言的,相對於事實的記載,其更接近於規範的釐定。這些一般性規程的大部,尤其是其中偏技術性的規範,在不同的採運週期中都同樣適用,如水路途程、排上應用、龍泉碼價等。這一相當於「總論」一般的文本,也自然應當列於全稿之首。

〔註57〕 中國科學院圖書館編:《中國科學院圖書館藏中文古籍善本書目》,北京:科學出版社1994年版,第157頁。

〔註58〕 參見相原佳之:〈清代中期,貴州東南部清水江流域における木材の流通構造──『採運皇木案牘』の記述を中心に──〉,《社會經濟史學》(72-5),2007年1月,第28~30頁;高笑紅:〈清前期清水江流域的木材流通與地方社會研究──以《採運皇木案牘》為中心的研究〉,上海:復旦大學歷史系2014年碩士學位論文,第10頁。需要說明的是,後一文中言及「除了序、跋外,本書的主要內容由以下三部分組成」,而原抄本中並無所謂「序、跋」。

在此之後,則大多是關於具體事務的記載。同樣作爲來往文書,官文書被置於更前的位置。這些官文書的種類包括「移」、「稟」、「示」等,其行文對象的層級涉及府、州、縣乃至「三江」村寨(茅坪、王寨、卦治)等,所展現的是地方官府在辦理例木時的相互協調。而再往後的信札,則是以具體個人作爲行文對象。這些文書,一方面有「私」的屬性,故而其中涉及不少人情往來的內容,使之讀來活潑可愛、眞實生動;而另外一方面,或許也是更爲主要的,因其交涉的畢竟是公家事務(即採辦例木),故而亦在很大程度上具備「公」的因素。正因爲這些「關於公事的私文書」無須因循公文之格式,才使讀者得以查知公務在實踐之中的具體運作。

作爲一種歸納,此種文本的結構可以大致地劃分出「國法、官例、事理與人情」幾個主題。首先是作爲一般性規定和具有最高效力的「國法」,其次是公文書中所體現的官府常例,最後是兼具公私屬性的書信中所同時展示的「事理與人情」。依據這幾個主題的概括,或許也正呼應了在國家與市場之間作爲官吏個人的具體活動的幾項前提。

(二)分　卷

校箋本將原抄本之主體分爲四卷,外加「附卷」一卷,共計爲五卷。這一劃分的依據主要考慮了三方面的內容:首先是如前所述的文本結構,其次是原抄本在抄寫行文中的原有分隔,最後是考慮每卷篇幅的大致均平。

需要進一步討論的其實是第二點。原抄本的大部分內容在抄寫上均前後連貫,但是中間亦常有斷續之處,這是分卷時所需要重點考慮的。原抄本某一面中的大量留白,基本可以說明以抄寫者而言,書寫至此大致告一段落。下面將幾處明顯的原有分隔列明:

(1)第 25 頁背面:原抄本自開篇〈湖南解京例木〉開始,連續書寫直至第 25 頁背面「在給米一升」(卷一之二十〈托口〉)止。該面僅寫有三列,其後留白。

(2)第 32 頁正面:書寫至「巡江之話」(卷一之二十五〈辦木條款〉)止,其後留白約可兩列。

(3)第 37 頁正面:書寫至「須至摺稟者」止(卷二之一〈稟藩憲〉),其後留白約可三列。又,第 37 頁背面丟失。

(4)第 47 頁背面:書寫至「沾恩上稟」止(卷二之十二〈稟詞〉),其後留白約可六列。

（5）第 63 頁背面：書寫至「爲此切＝」止（卷二之二十八〈旗員之子詳請留署幫辦公事〉），其後留白約可三列。

（6）第 78 頁背面：書寫至「肅此布覆」止（卷三之十四〈致居停（六）〉），其後留白約可兩列。

（7）第 92 頁背面：書寫至「率此＝＝」止（卷三之三十一〈致居停（十一）〉），本面僅書不及半列，其後均留白。

（8）第 99 頁正面：書寫至「聽其告歸也」止（卷四之九〈致居停（十六）〉），其後留白約可五列。

（9）第 113 頁正面：書寫至「面叩不一」止（卷三之二十八〈致宋公（十二）〉），其後留白約可七列，背面亦無文字。

除了上述明顯留白外，尚有前後兩面文字緊密接續，但是內容有所差異的情況。如第 24 頁背面與第 25 頁正面，前者爲「龍泉碼價」表格之內容，而其後則是在托口須注意的相關事項。雖然前一面寫滿至末列，後一面也自首列抄起，中間沒有留白，但是二者內容迥異，未免不是裝訂上的舛誤。

雖然上述原有分割並不必然表明需要分卷，但是在校箋本的分卷中仍重點參考了其中的分割情況：

（1）第一、二卷，分於第 32 頁正面與背面間，上下文本中有留白。

（2）第三、四卷，分於第 92 頁背面與第 93 頁正面間，上下文本中有留白。

（3）第四卷與附卷，分於第 113 頁正面與 114 頁正面間，其中有整面無文字（第 113 頁背面）。

唯一需要額外討論的是第二、三卷的析分。如前所述及，原抄本第 63 頁背面後有留白，其後篇目爲〈移覆長沙府〉。若依據原有分隔分卷，則這一篇應列入卷三之中。但是，在〈移覆長沙府〉之前，均爲官府「移」、「示」等官文書，而其緊隨之篇目即爲〈致居停（一）〉，自此而後均爲往來書信。以內容、文種而言，〈移覆長沙府〉顯然應歸屬卷二，故將此篇依據文本內容納入卷二之中。

另外，關於卷三、卷四的析分尚需一點說明。二卷內容均爲書信，但如前述，原抄本行文中在第 92 頁背面與第 93 頁正面間有明顯留白區隔。這一區隔並不完全是段落終了的表示，而是兩個文本的區分（即前所謂「甲、乙本」）。並且，分卷時還注意到篇幅的問題，若三、四卷不分，則篇幅相較卷

一、卷二過大，故而依據上述區隔，基本取在其中分爲兩卷。

至於附卷的劃分，主要爲了將與正文關涉並不緊密、或有所缺損的雜項文字收入。具體如下：

（1）第一篇〈公議新敷頭底〉，係因本來就在全稿之末，又與前文明顯區隔，所以納入附卷。

（2）第二篇〈燈竿木〉，本在全稿之首，然而僅剩該面的四分之一強，餘下皆殘損（雖然可推見殘損文字應不多），故而置其於附卷。

（3）第三篇〈藥方〉，本在卷四之中，但與前後文及正文主旨無關，字跡亦有區別，故而轉置附卷之中。

（4）第四篇〈書單〉，本藏於第 77 頁正、背二面之間，內容亦與主旨無涉，故而亦收入附卷存留。

故而，全書五卷的劃分基本可以歸納爲卷一（例木採運相關規程）、卷二（各式公文書）、卷三及卷四（往來書信，依據篇幅及文本區隔分爲二卷）及附卷（雜項文字）。

（三）分　篇

五卷校箋本《案牘》的篇目共計有 117 篇，其中卷一 25 篇，卷二 29 篇，卷三 31 篇，卷四 28 篇，附卷 4 篇。

這些篇目的劃分及其篇目標題，絕大部分依據的是原抄本自有的劃分和標題。當然，篇目的序號是校箋者所加。原抄本一般低一格排以表示該列爲標題，篇目區分比較明顯。但是，有若干篇目稍顯混亂，係重新釐定劃分並新擬標題的：

（1）卷一之十〈採買桅、段木植〉：原抄本中該篇附於〈神篷敬神需用各項〉之後，並無明顯區隔。但是內容顯然與前文有別，前文羅列神篷需用物什，後文係關於採買木植時的計算方法。故而分別爲兩篇，取後文篇首句「托口及苗地採買桅、段木植」中的字詞爲標題。

（2）卷一之十九〈托口〉：原抄本中該篇附於〈江寧賣木龍泉馬價〉之後，但是如前所述，二者文字分在抄本的前後兩面，且內容無涉，故而分爲兩篇，取後文篇首之「托口」爲標題。

（3）卷一之二十〈抵灘〉：原抄本中該篇在〈托口〉之後，中間有留白，內容亦有區別，故而分爲兩篇，取後文篇首句「簰木約二萬根抵灘」中的字詞爲標題。

　　另外，附卷中〈燈竿木〉、〈藥方〉兩篇的標題，均是校箋者基於首句字詞或篇章內容所擬的。

第三章 《採運皇木案牘》重述：文本及其體系化建構

作爲一種技術或曰方法，重述（restatement）有其異於字面的含義。在法律領域之中，其最初指向美國法的一種系統化判例法的努力。[註1] 但是如果將其抽象爲一般性的方法，較爲原始的歷史資料未必不能類比於同樣複雜的判例法。在面對橫向法域的比較法學眼中，無論是法典還是法律重述，似乎都可以歸結爲人們對於體系化（理性化）的追求。而對於擅長處理縱向關係的法律史而言，這一需求同樣存在於對歷史材料的梳理之中。

顯然，如若以書稿的形式相要求，則《案牘》的內容及排布均稍顯混雜。其在形式上彙集了多種文類，內容中亦有重複及不連貫之處。作爲流傳之資料固然豐富，但是尚缺乏體系化的整理。所謂體系化的整理，並非要以之損害原文，而造成削足適履的效果；而是在最大程度保持原貌的基礎上，希望通過這一過程，第一，方便後來讀者的閱讀，第二，藉此發掘其中隱而難現的相互關聯與邏輯鏈條，庶幾可以於後續研究有所裨益。

在第二編的校箋本中，嚴格遵循了「整舊如舊」的原則，無論行文、排布，均儘量貼合原文，以提供一個明晰化了的原文本樣態。而本章的任務，

〔註1〕 重述，又稱「法律重述」（Restatement of the Law）。美國法學會（American Law Institute）於 20 世紀 20、30 年代起，爲解決美國司法判例中的不確定性和過分複雜性，而將已存在的判例法予以系統化、條理化、簡單化，重新整編，此即爲「重述」。一般認爲，法律重述對司法沒有法定拘束力，但是具有很強的權威性和說服力。且在事實上，律師和法庭均常援引法律重述。參見薛波主編，潘漢典總審訂：《元照英美法詞典》，北京：法律出版社 2003 年版，第 1191 頁。

則主要有二：其一，是提供這些整理背後的「論述」；其二，也是最主要的，則是跳脫原始的文本，某種程度上將其打亂重排，依據事件與邏輯重新串聯起來，並通過與其他材料的對照，建構出體系化的《案牘》敘事。

一、卷一：「國法」與一般性規程

無論是行文內容還是文體形式，卷一都顯得相對駁雜。但綜合來看，在駁雜體貌的背後，其畢竟勾勒出了採運例木的整體樣態。

大體上，原抄本的敘事編排是依據時間順序的，且這一時間順序還伴隨著地點的不斷轉換。從德山、托口、「三江」等地的「立關」開始，到準備行排，開始運送，至南京為一站，抵灘、紮筏、開行北上，直到北京張家灣交卸為止。如以「採運」二字而言，大體上可以認為，德山、托口等地以前為「採」，自德山等地啟程後為「運」，而卷一的大部分內容所涉及的是「運」的過程。

當然，除此以外，尚有若干橫向的一般性規程，包括木植價格與材積的計算、關稅、程途及相關公文，與具有經驗總結性質的「辦木條款」。卷一之所以顯得駁雜，就在於橫向與縱向敘事的交混。同一篇中的內容並非完全能統攝於標題之下，甚至前後有所區別。許多篇目也並非僅涉及縱向時間點上的某一環節，而是橫跨多個方面，使其不易總結。故而以下在綜論時，亦嘗試拆分篇目，分別編排，儘量凸顯其不同的面向。

總體上，如果從內容上來分析，卷一中的篇章大致涉及幾個層面。最先，是關於解京例木的具體規定，這無疑是全書的起點。其次，涉及兩段運送程途的記載。再次，是關於採運過程中一應需用的物品及相關的工價、花銷等，這也佔據了卷一的主要篇幅。第四，是關於木植計算的若干篇章，包括稅務、材積及價格的計算。第五，是具體辦理例木的經驗描述。最後，則是兩道相關的公文。

（一）解京例木的規格

《採運皇木案牘》這一抄本之所以成立，全在於首一篇〈湖南解京例木〉。這一篇其實可以分為上、下兩個部分，其起始部分即為湖南解京例木之規格尺式，及當領銀錢數目：

> 桅木二十根，長六丈，頭徑一尺五寸，尾梢七寸，每根領銀廿
> 兩。

共領銀四百兩。

杉木三百八十根，長三丈，頭徑一尺三寸，尾梢七寸，每根領銀八兩六錢六分六釐。

共領銀三千二百七十六兩三錢六分。

架木一千四百根，各長三丈，圍圓一尺四、五寸，每根領銀一錢八分。

共領銀二百五十二兩。

桐皮杉槁二百根，各長二丈五尺，圍圓一尺二、三寸，每根領銀一錢二分。

共領銀二十四兩。

以上桅、杉、架、槁木，共計二千根。

共領銀三千九百五十二兩三分六釐（一切篙纜、人夫、食用、運費，俱在其內）。

以上所需例木依據尺式的不同，共分為「桅、杉、架、槁」四類。《案牘》下文及其他材料中所見的名稱略有不同。杉木，亦稱「斷木」或「叚木」，「架木」亦有作「樑木」，「桐皮杉槁」或作「皮槁」、「槁木」，等等。

1. 例木尺寸

關於湖南例木，其他材料中頗有可為參照的。如中國第一歷史檔案館藏〈湖南採辦光緒三十四年例木尺寸列表〉即有類似文字，雖然年代參差，但仍可作對證：[註2]

謹將採辦例木照章開具尺式恭呈憲核。

計開：

一、桅木二十根，各長六丈，大徑一尺四、五寸不等，小徑六、七寸不等；

一、杉木三百八十根，各長三丈，大徑一尺一、二寸不等，小徑六、七寸不等；

一、樑木一千四百根，各長三丈及二丈八尺不等，圍圓一尺四、五寸及一尺二、三寸不等；

一、桐皮槁木二百根，各長二丈五尺，圍圓一尺二、三寸不等。

〔註2〕〈湖南採辦光緒三十四年例木尺寸列表〉，藏中國第一歷史檔案館（檔號：21-1018-0028）。

以上桅、杉、架、槁各木共二千根，理合登明。

又，黃本驥《湖南方物志》卷一〈總紀〉：

湖南每年額辦解京桅木二十根，各長六丈，大者徑一尺五寸，
小者徑七寸；

杉木三百八十根，各長三丈，大者徑一尺三寸，小者徑七寸；

架木一千四百根，各長三丈，圍一尺四、五寸；

桐皮杉槁二百根，各長二丈，圍一尺二、三寸。

均在辰、沅、靖三府及黔省採購，運赴工部交收。

此外，在清水江流域的民間文獻手抄本「皇木案稿」中亦有類似記載：
〔註3〕

桅木二十根，長六丈，徑頭〔註4〕四尺五寸，尾徑一尺八寸；

斷木三百八十根，長三丈二尺，頭徑三尺五寸，尾徑一尺七寸；

架木一千四百根，長四丈八尺，圍圓一尺六七寸；

槁木二百根，圍圓八九寸一尺不等。

以上數份材料相比照，各類木植所需根數完全一致。惟如上述，名稱略
異。如《案牘》作「杉木」處，「皇木案稿」作「斷木」；而前者作「桐皮杉

〔註3〕 貴州省編輯組編：《侗族社會歷史調查》，貴陽：貴州出版社 1988 年版，第 10
頁。案，「皇木案」為「清江四案」之一。民間文獻「皇木案稿」之出版，應
首見貴州省編輯組編《侗族社會歷史調查》的第 8～11 頁。但是如其所述，
其中「僅摘其重要部分」。嗣後，其文得以整理公佈於吳蘇民、楊有賡：〈「皇
木案」反映「苗杉」經濟發展的歷史軌跡〉，《貴州文史叢刊》2010 年第 4 期，
第 64～69 頁。該文稱，所謂「皇木案稿」，係錦屏山客李榮魁、樂定邦、張
老歐於道光七年（1827 年）七月十五日在貴州藩臺衙門抄錄的兩道公文。在
該文中，在「乾隆十一年（1746）湖南巡撫楊為秉辦皇木事呈報工部奏文及
工部覆文」項下，列出二文：〈湖南巡撫楊為呈報工部奏文〉及〈乾隆十二年
（1747）工部給湖南巡撫的覆文〉，而被廣為引用。嗣後，「皇木案稿」被收
入潘志成、吳大華、梁聰編著：《清江四案研究》，貴陽：貴州民族出版社 2014
年版，第 3～7 頁。兩道公文之題目分別被改為〈乾隆十一年（1746）湖南巡
撫楊錫紱「為嚴禁辦木累商之弊、以肅官常事」告示〉及〈乾隆十二年（1747）
七月工部對湖南巡撫楊錫紱奏文的覆文〉。另外，據整理，尚有「康熙三十八
年（1699 年）三月湖南布政使王道熙的『嚴禁藉民私派以安民生事』告示」，
參見程澤時：〈市場與政府：清水江流域「皇木案」新探〉，《貴州大學學報》
（社會科學版）2016 年第 1 期，第 103～104 頁。前《貴州文史叢刊》文稱，
「皇木案稿」手抄本乃於 1964 年發現；《清江四案研究》記載，其複印件現
存錦屏縣檔案館。

〔註4〕 案，原文如此，應為「頭徑」。

槁」處，後者作「槁木」。另外，在其他「皇木案稿」的記載中稱：〔註5〕

　　　　湖南每年額辦解京桅木二十根，斷木三百八十根，架木一千四

　　百根，桐皮槁木二百根。

　　此處記載各類木植所需根數亦與前同，僅「槁木」改作「桐皮槁木」。《案牘》的下文中，有「叚子杉木」〔註6〕及「叚木」，據此可知此處之「杉木」當與「叚（斷、段）木」同。

　　至於各類木植之長度、頭尾徑、圍圓，《案牘》本與〈湖南採辦光緒三十四年例木尺寸列表〉相近，惟前者在後者文本存有區間處取較大值；而「皇木案稿」本之數值，則較《案牘》本增加不少。

　　「皇木案稿」中記載的數值是否確實，因未得原抄本參照而無法確證。若以其記載之規格而論，尋得滿足其要求的木材確為不易。舉例而言，在各規格例木中，以桅木最為難尋。而「單求二十米（六丈）長度之杉木，尚不易多得，況頭尾直徑均有嚴格限制，若取尾徑六十釐米（一尺八寸），則必截下若干米的樹梢，一般非高達三十米左右之樹，必難取材成桅木」。〔註7〕

　　另外，木植尺寸的大小按例分為三等。據嘉慶《大清會典事例》卷六百七十〈木倉〉：

　　　　至所解杉、架、槁木，均分為三等：

　　　　頭等杉木，長三丈，大徑一尺三寸，小徑七寸；

　　　　二等杉木，長三丈，大徑一尺二寸，小徑六寸；

　　　　三等杉木，長三丈，大徑一尺一寸，小徑五寸。

　　　　頭等架木，長三丈，徑五寸；

　　　　二等架木，長二丈九尺，徑四寸五分；

　　　　三等架木，長二丈八尺，徑四寸。

　　　　頭等桐皮杉槁，長二丈五尺，徑四寸三分；

　　　　二等桐皮杉槁，長二丈四尺，徑四寸；

　　　　三等桐皮杉槁，長二丈三尺，徑三寸五分。

〔註5〕潘志成、吳大華、梁聰編著：《清江四案研究》，貴陽：貴州民族出版社 2014
　　　年版，第 5 頁。

〔註6〕卷一之一〈湖南解京例木〉。

〔註7〕參見貴州省編輯組編：《侗族社會歷史調查》，貴陽：貴州出版社 1988 年版，
　　　第 10 頁。

俟採辦齊全，委員量驗，於文批內填注，解部查收。

以上標準乃係乾隆三十年（1765 年）奏定，據此標準，則《案牘》所定杉、架、槁木規格，約略均當屬頭等。

2. 例木額定價銀

除了例木的尺寸，關於採運例木的額定價銀，《案牘》與其他材料也有區別。據嘉慶《大清會典事例》卷六百七十二〈木價〉：

〔乾隆〕二十四年奏准，湖南省每年額解：

長六丈、大圍圓四尺五寸、小圍圓二尺一寸槁木二十根，每根銀二十兩；

長三丈、大圍圓三尺九寸、小圍圓二尺一寸杉木三百八十根，每根銀八兩六錢二分二釐；

長三丈、圍圓一尺四、五寸架木一千四百根，每根銀一錢八分；

長二丈五尺、圍圓一尺二、三寸桐皮槁二百根，每根銀一錢二分。

與《案牘》相比，僅以價銀而言，此處規定杉木每根「銀八兩六錢二分二釐」，而《案牘》為「銀八兩六錢六分六釐」，略有區別，其他均一致。同時，嘉慶《工部則例》卷十九〈各省解辦木植〉亦有如是記錄。但據雍正《大清會典》卷一百九十九〈物料〉：

〔康熙〕二十六年定，江南、江西、湖廣，辦解：

槁木，長六丈、大徑一尺五寸、小徑七寸，每根價銀二十四兩；

杉木，長三丈、大徑一尺三寸、小徑七寸，每根十兩八錢二分二釐；

架木，長三丈，圍圓一尺四、五寸，每根二錢四分；

桐皮杉槁，長二丈五尺、圍圓一尺二、三寸，每根一錢六分。

以此記載而言，則價銀數額，與《案牘》的記載均有參差，圍圓尺寸，亦有區別。當然，以上所引述材料的時間、涉及的地域與《案牘》均有差別，並不是完全吻合，所以僅供參酌對照。

總體來說，作為案牘的開篇，〈湖南解京例木〉起始便交代清楚了所需採辦例木的規格及額定的價銀數量。作為統攝例木採運全程的「國法」，以下所有的活動與規章，無疑均是據之展開的。

（二）例木採運的程途

卷一中有兩篇係關於水陸程途，即第四篇〈托口至掛治路程〉與第十七篇〈常德府德山至張家灣水路程途〉的前半部。這兩篇程途基本上可以概括例木之「採運」路線。

1. 托口至卦治路程

〈托口至掛治路程〉羅列自托口起至卦治止之途徑地點及路途遠近。而之所以要由托口行至卦治，據卷一之一〈湖南解京例木〉，在德山立關之後，要往托口立關，「再上黃寨、毛坪、卦治等處為當崗處立關」。恰巧的是，在一本被稱為「清代佚名商編路程抄本」的文獻中，即有起止點正相反的〈卦治至托口水路程〉。〔註 8〕二者之區別，除起止點外，尚在於後者更強調「水路程」。

這兩份文獻正可相互對照。如果將二文本的首尾調整，對齊二者一致之地名，則可得下表。其中小寫數字行乃據〈托口至掛治路程〉，大寫數字行則依〈卦治至托口水路程〉整理：

〈托口至掛治路程〉與〈卦治至托口水路程〉對照表

一	托口	二十里						
壹	托口	十五里	鴨婆港	五里	羅岩港	二十里	白馬寨	五里
二	大龍	五里	金子	十里	甕洞	五里	句潭	五里
貳	大壠	十里	金子	十里	甕洞	二十里		
三	金溪口	十里			白巖塘	十里	滕洞	十里
參	金溪口	十里	江東	十里	白巖塘	二十里		
四	牛場	五里	中團	五里	盧茲	五里	雲塘灣	五里
肆	牛場	二十里			鸕鶿	十五里		
五	遠口	五里	新市	五里	茱溪	五里	三門塘	五里
伍	遠口	十五里			蔡溪	五里	三門塘	五里
六	岔處	十五里	茅坪	十五里	平寨	十五里	掛治	
陸	坌處	十五里	茅坪	十五里	王寨	十五里	卦治	

〔註 8〕〈卦治至托口水路程〉全文圖片及整理，見王振忠：〈徽、臨商幫與清水江的木材貿易及其相關問題──清代佚名商編路程抄本之整理與研究〉，載《歷史地理》（第 29 輯），上海：上海人民出版社 2014 年版，第 178～183 頁。相關涉及「商編程」的研究，參見王振忠：〈太平天國前後徽商在江西的木業經營──新發現的《西河木業纂要》抄本研究〉，載《歷史地理》（第 28 輯），上海：上海人民出版社 2013 年版，第 144～165 頁。

　　兩相對照可發現，除了地名寫法上略有差異外，二者之地名、里程並非完全一一對應：前者共計地名二十處，後者為十九處；計算前者所標注途程共計一百六十里，而後者為二百三十里，多出七十里。舉例如，托口至大龍（大壟），前者標注「二十里」，中間無其他地名；而後者標注需途徑鴨婆港、羅岩港、白馬寨，路程共計四十五里。

　　另外，在民間文獻〈爭江記〉中，也記載了相似的途程，即所謂的「十八關」：〔註9〕

> 明朝太祖坐江山，天下太平萬民安。
> 貴州要定十八府，七上八下各一方。
> 下游邊界黎平府，管轄一帶清水江。
> 卦治王寨和茅坪，三寨輪流當木行。
> 上有規儀十二兩，黎平府堂有碑刊。
> 三江水口繫坌處，得見當江肚思量。
> 坐地商量來生計，百里串立十八關。
> 步步攔河來阻木，剋扣排錢啃木商。
> 頭關坌處王國瑞，二關榮芝三門塘。
> 三關送下菜溪寨，把守三關李芝懷。
> 四關新市文才管，君臣遠口把五關。
> 關雲團內秀山管，鷿鶄六關王明郎。
> 中團七關奇明管，八關福星興隆灘。
> 興隆送下牛場寨，牛場九關□開懷。
> 埂洞十關成名管，宋充世管白岩塘。
> 江東關口魁先管，再生把守金雞關。
> 國民把守巨潭寨，把守寶洞永鄉郎。
> 黑子把守金子口，君侯把守大龍關。
> 每關抽江銀九兩，方才到得托口堂。
> 害了錢多的木商，個個吃虧苦難當。
> 大龍出個田金展，去邀爰寧伍定祥。
> 告到長沙趙撫院，方才減了十八關。

〔註9〕〈爭江記〉，見貴州省編輯組編：《侗族社會歷史調查》，貴陽：貴州出版社1988年版，第38~40頁。

　　據以上文本，整理「十八關」的地名大略為：卦治、王寨、茅坪（「內三江」）、坌處（頭關）、三門塘（二關）、萊溪（即「蔡溪」，三關）、新市（四關）、遠口（五關）、鸕鷀（六關）、中團（七關）、興隆灘（八關）、牛場（九關）、埂洞（應即「滕洞」，十關）、白岩塘、江東、金雞關（即「金溪口」）、巨潭寨（即「句潭」）、甕洞、金子口（即「金子」）、大龍關（即「大龍」）。以上地名共計二十處，其中「十關」以下，尚有七處，加上托口，正合「十八關」之數。

　　而在〈托口至掛治路程〉中，除了「八關」興隆灘及江東不錄，並多出「雲塘灣」外，餘下均相合。雖材料來源迥異，但二者相互印證，吻合度較高。然而，在〈卦治至托口水路程〉中，則有「四、七、八、十關」及巨潭寨五處地名不錄，而多出托口至大龍途中之鴨婆港、羅岩港、白馬寨三處。

　　此類的路途記述其實廣為流行，如沅水行船的《路途記》：〔註10〕

> 常德開船望德山，腳穿草鞋娘娘灘。
> 娘娘灘上射三箭，箭箭射到河洑山。
> 桃源有個桃源洞，鹽船停靠窯河潭。
> 牽牛過河白馬渡，張古老力大穿石山。
> 仙鵝抱蛋姨望溪，界岩立在毛栗灣。
> 甕子洞邊寡婦鏈，鯉魚跳山明月庵。
> 江邊猛虎來跳干，前頭就是纜子灣。
> 雷回風篷走夾板，伏波廟修在青浪灘。

　　其中的德山、河洑、桃源、白馬渡、甕子洞等處，均是《案牘》中常出現的地名。

2. 德山至張家灣程途

　　例木在德山彙集後，即先東行，後北上，「自湖南常德起程，共五千三百廿五里至張家灣」〔註11〕，運抵北京交卸。〈常德府德山至張家灣水路程途〉記載的即是這一路途。該篇可分為三個部分，第一部分與〈托口至掛治路程〉一樣，均是列明途徑地點和里程，第二部分是關於沿途營汛「兵牌護送」的人員、職屬和里程，第三部分是關於木排抵達南京後直到交木過程中的各類花銷等項。

〔註10〕李懷蓀：《湘西秘史》（上），北京：作家出版社 2014 年版，第 268 頁。
〔註11〕卷一之十七〈常德府德山至張家灣水路程途〉。

這一路途在其他材料中也有體現，如民間流傳的《排路歌》：〔註12〕

辰洲運排開始首，大伏溪裏出岩頭。

小伏溪裏羅家灣，轉過耒陽是顧鄉。

木馬錦對岩寧嘴，穿石眼裏放晶光。

桃源住在跑馬灘，收馬塘前靈巖泉。

陬市住在兩頭尖，抬頭望見河伏山。

河伏山前一犀牛，頭朝木塘尾坐洲。

老幼童子牽不動，洪水到來便回頭。

河伏開頭望德山，德山有個皇木關。

皇木關前接官亭，接官亭前紙札灣。

水平沙夾無人住，沙夾冷飯對洪安。

牛皮灘前買淡酒，菖蒲龍陽打過關。

蓑衣岩前老虎山。〔註13〕

龍陽一站毛家嘴，豬婆窰前把排灣。

傅家磯前麻河口，兩湖橫過斷頸山。

黃姑灘前向南絞，百里窰前對雞山。

穆公錦對岩寧嘴，芝麻門前課落山。

泉水洪前布袋口，三十里到滔扁山。

岳州有個南磯港，窩風避浪好灣船。

岳陽城陵磯下水，鴨娘茅埠石頭關。

新堤洪湖在江北，嘉魚排洲金口驛。

君山把住洞庭水，河坡山中浪裏顛。

鸚鵡白沙灣排地，黃鶴樓中吹玉笛。

漢口開頭望青山，借問陽邏灣不灣。

白滸山前金雞叫，雙牛夾內好灣船。

團風把住三江口，好個黃州對武昌。

巴河水來掃南溪，雞蛋打破黃石港。

道士伏前水忙忙。

桅源掛口蘄洲驛，馬口盤塘對富池。

〔註12〕羅時漢：《白沙洲蘆家》，北京：中國文聯出版社 2006 年版，第 20~21 頁。

〔註13〕按韻腳及文意，或有缺行，下亦同。

　　武穴龍坪陳子鎮，洋塘□□望九江。
　　九江關上扯黃旗，丟了湖北說江西。
　　尖刀剖魚小池口，綠豆煮粥是斷腰。
　　殿窯湖口柘機洲，靖溝弔前把錨丟。
　　好個彭澤對小姑，馬當跳過雞公嘴。
　　華陽鎮前水東流。

　　吉陽抬頭黃石機，安慶寶塔是鐵鼎。
　　禮陽把住宗陽夾，顏良嘴來是大磯。
　　青磯水掃大同驛，銅陵老鼠跳狄港。
　　板子磯前黑沙洲，泥叉錦對繁昌夾。
　　繁昌夾內笨箕套，笨算套前望三山。
　　遠望三山三個尖，魯港河通長江邊。
　　好個螃蟹爬上岸，崩了姣磯浪裏顛。
　　蕪湖有個稅務卡，上下船隻還錢糧。
　　一磯二磯四合山，東梁西梁採石山。
　　採石江邊一巧土，太白墳墓對合洲。
　　屬山打馬江寧鎮，大勝關前望南京。
　　紫金山來高又高，草鞋夾內出鹽包。
　　燕子磯下回流水，黃當浪內水滔滔。
　　石埠橋來是花山，花山有個棲賢寺。
　　儀徵河下灣鹽船，糧船灣在鎮江邊。
　　鎮江有個金山寺，江流和尚淌禾僧。
　　揚州住在天心內，高郵邵白水連天。
　　你一搖來我一擺，過了焦山是大海。

　　以上《排路歌》係自辰州啓程，途徑德山（「河伏開頭望德山，德山有個
皇木關」），一路向東至武昌、九江、南京、儀徵、鎮江、揚州、高郵等。其
中多處地名均與〈常德府德山至張家灣水路程途〉相合，亦與其前半程路途
大略近似，可堪對照。

（三）例木採運的花銷

　　卷一中大約有 15 篇是關於採辦例木各個階段的各類花銷。這一部分其實

與解京例木的規定有很大關係。因爲採買的木價已經確定，〔註 14〕而其中的各項花銷均須由其中開支，所以對於此類花銷自然留意記載。如《案牘》專門總結道，「其採買木價，歷久無增，而採辦人工飯食，及柴蓆、篾纜、板片、篷索等項，並長途一切運費，解繳部、科飯食銀兩，又悉無開銷，盡在額定木價之中」。〔註 15〕大略而言，這些費用可以分爲在置辦物品上的花銷（需用）和在雇傭勞力上的費用（工價）。當然，在任務結束、變賣需用各物的時候也可獲得相應收入。此外，還有一些用於各種打點、繳納雜費上的其他花銷。

1. 需用各項及其處置

採運及行排途中，置辦各項需用物什自不可少。在這一方面，《案牘》的記載可分爲兩類，其一僅涉及對象名目及數量的羅列，其二則兼及購置所需的價銀或製作所需的工價。另外，尚有關於變賣、處置這些物什的記載。

（1）需用各項

《案牘》中大量羅列了在例木採運的各環節所需要置辦的各類物品，稱之爲「需用各項」。其中涉及許多水運的專業術語或俗語。徐世光《濮陽河上記》之〈例言〉云：「河工用語，大都從俗，沿用既久，自成一種特定名詞。」《案牘》所記述之木材採運用語，多亦不見載於典籍方志。作爲在特定行業群體、特定歷史時期及特定地域中所使用的術語，考訂的難度，即相應地一在於其專業性，二在於其地域性，三在於其時間性，此三者均使其本意難以查知。但是，借助現代相關水運的專業文獻，及古籍、尤其是地方志書中的零星記載，尚可一窺大概。

置辦各項需用較爲集中的地點是德山及托口。在德山立關時，需要有黃旗、三牲、斧記、鐵炮等一應物品，並且「托口照樣」。〔註 16〕雖然在「三江」也需立關，〔註 17〕但是並沒有置辦物品的記載，應當可以比照。集齊木植後，在搭造木排時，需要各類構件如撬棍、紅門、犁錨等。製作這些構件的用材

〔註 14〕 額定木價之「歷久無增」，可見參見〈奏爲採辦例木由海運京事〉，藏中國第一歷史檔案館（檔號：03-5573-143）。時至光緒二十九年（1903 年），採辦例木的額定木價仍是「三千九百五十二兩三錢六分」，與乾隆年間所定，分毫不差。乾隆元年額定湖南例木價值，參見〈爲核議湖南省題請核銷乾隆元年份採辦椲杉二木用過銀兩事〉，藏中國第一歷史檔案館（檔號：02-01-008-000050-0009）。

〔註 15〕 卷二之八〈移常德府（二）〉。

〔註 16〕 參見卷一之二〈德山立關需用各項〉。

〔註 17〕 參見卷一之一〈湖南解京例木〉。

（如松木、楓木）和尺寸（長度、圍圓）均有記載。〔註18〕在開始行排時，須伴有「漲船一隻，長行腳船一隻」，及相應各類物品。〔註19〕在排上還搭建有「神篷」，其中需要有檀香、清油、紅紙、神龕等各類祭祀用品。〔註20〕

　　南京亦是置辦物品的重要地點。第十二篇〈做簰須用各項〉的「做簰」，即應指在南京「做簰」。其前一篇卷一之十一〈桅木、段木合式係用部尺〉：「南京起木人夫……每纖米二石，自做簰日起」，即述及在南京「做簰」。第二十一篇〈每筏應用各物〉的前半部分，也記載了在南京開排前，木筏所需的錨、纜等物品及數量。

　　如果將南京的排上需用與德山、托口對比，會發現其中多有類似。主要均包括行排的水運工具及木排構件、排上生活起居用具與祭祀用品等。並且，以上記載多未涉及其購置所需的價銀。

（2）需用各項價銀

　　行排用具中，簽纜是重要的物資。兩篇涉及簽纜的需用記載中，尚重點強調了購辦物資的價銀。第三篇〈托口至德山簽纜、工價等項〉中，記載了所需物料的價銀及用量，並說明「放簰至托口所需簽纜，係托口帶去，其工價臨時酌辦」。第五篇〈德山簽纜、人夫及飯食並需用毛竹各數〉則是專門關於簽纜的記載。簽纜需要由人工用毛竹製作，故而此篇詳細記載了各類不同簽纜所需要的數量、規格、用竹數量，及所用人工的數量、工價、時限等。

（3）需用各項的處置

　　當木排抵達北京張家灣交卸完畢後，之前所置辦的各類物品均可處置變賣。這在某種程度上已經成為慣例，如卷一之十二〈做簰須用各項〉：「此夥篷抵漲灣時，歷係給各簰夫，惟官簰夥篷係給火夫。總須於包簰時說清，庶不致強用火木及爭官簰夥篷等事。」

　　可以處置變賣的物品共有兩類：一是各種排上用具，包括床、桌、鍋、灶及纜、篷、板、錨等；二是交木後尚餘的「零星木植」。第十三篇〈廠內變賣各物〉及第十四篇〈賣簰面器用等件價銀〉，均記載了變賣各類物資的價銀、出賣時的注意事項及扣折。

　　又，卷一之二十一〈每筏應用各物〉：「十二纖篷、皮毛、鑼、繩纜、鍋

〔註18〕參見卷一之六〈簰上需用各項雜木〉。
〔註19〕參見卷一之八〈行簰需用各項〉。
〔註20〕參見卷一之九〈神篷敬神需用各項〉。

灶、扒竿、榴槁、梁頭、板片，共價三百餘兩，係廠軍俞士璉承買。其架、槁餘木，每根約賣六、七錢。桅、段大木，張灣不得高價，只有天津可賣。」以原抄本順序而言，這一記載在「張灣出水進廠」之後，約略說明了處置物資的時間點，也具體記載了這些物資整體出售的情況。

2. 工 價

除了在需用上的工價花銷，〔註21〕還有放排時所需的人工費用。這些費用包括三項，工、食、犒賞，即工價、伙食費與類似獎勵性質的酒肉宴席。

工價部分的記載如「托口放簰，每招工價銀一兩八錢」。〔註22〕最為清晰的記載應是第七篇〈簰上頭人、水手工價銀數〉，〔註23〕其中記載了各類不同排工的工價，如「打鼓工價銀五兩」、「水手四十名，每名工價銀弍兩四錢」。不同工種的價格自然有所區別。

在工價之後記載的是伙食的部分，包括米、肉、鹽、酒、油，俱有定數。但是有時候，則僅提供伙食，而沒有工銀，如在北河口「做簰」，「水手做簰，食官飯，無工銀」。〔註24〕伙食的提供因屬於「官飯」，故而還有嚴格限定。如「包頭等，未過江吃官飯，過江後即自吃」。〔註25〕又如，「自江寧抬木、保鋸、紮筏，至儀徵起夫日止，每日每名給米一升三合，菜錢五文；起夫之後，則無飯食」。〔註26〕可見何時提供伙食，何時為止，均有細則。

伙食之後，尚有犒賞的開支。如「每月逢初二、十六日，每名賞酒半斤、肉四兩」，〔註27〕這一部分顯然是屬於犒賞。又如，「每簰肉三斤，酒三斤；官頭簰外加肉、酒一、二斤不等。每簰賞錢一百文，官頭簰額外賞」。〔註28〕說明除了酒肉外，還有賞錢。在此之外，還有「豬、羊、戲」、「神福」等借助祭祀的犒勞活動。〔註29〕尤其是「做神福」，路程之中「做神福」的多少、大小，

〔註21〕參見如卷一之五〈德山篿纜、人夫及飯食並需用毛竹各數〉。
〔註22〕卷一之三〈托口至德山篿纜、工價等項〉。
〔註23〕其他記載有工價相關內容的還有卷一之二十〈抵灘〉、卷一之十七〈常德府德山至張家灣水路程途〉等。
〔註24〕卷一之二十〈抵灘〉。
〔註25〕卷一之二十一〈每筏應用各物〉。
〔註26〕卷一之十七〈常德府德山至張家灣水路程途〉。類似記載，尚見卷一之十一〈桅木、段木合式係用部尺〉。
〔註27〕卷一之七〈簰上頭人、水手工價銀數〉。
〔註28〕卷一之二十一〈每筏應用各物〉。
〔註29〕參見卷一之九〈神篷敬神需用各項〉。

均有定例：如「路上神福計六處」，〔註30〕「所有神福，自開簰日起，至張水灣止，共三大四小」〔註31〕。

除以上三種開支外，關於工價的一個習慣是需要特意說明其爲「准帶雜木工價」，〔註32〕即工人可以夾帶雜木私貨。又如卷一之七標題「簰上頭人、水手工價銀數」後注明，「俱准帶雜木」。這其實也是另外一種隱性「福利」。此外，作爲工人來說，還有一些雜項收入，如「水手回南，每人賞盤費錢二百文」。〔註33〕又如前述及，在處置排上物品時，「此夥篷抵漲灣時，歷係給各簰夫」。〔註34〕排工在變賣這些物品後，亦是一筆收入。

3. 其他花銷

在以上花銷之外，還有一些雜項開支。而如果將物、人兩項上的花銷視爲常規花費的話，那麼採運例木的過程中尚有不少「非常規」的用度。其中最爲主要的，是木植抵達北京後打點部、科等上下官吏的花費。

《案牘》中在述及花銷時，首先提及的就是「解繳部、科飯食銀一百八十兩」。〔註35〕當然，「飯食銀」尚屬例有定規，但其他一些費用或許則應屬弊政。向各級官吏送禮有諸多名色，例如「土儀」、「程儀」、「隨封」、「門包」、「冊費」，〔註36〕另外還有直接列明的如「禮八色」、「監督家人各十二兩」、「禮銀十六兩」、「謝禮銀十六兩」，等等。〔註37〕而送禮對象，從部、科的各級官員到具體經辦者，不一而足，如「經承」、「監督」、「皂頭」、「皂吏」、「堂書」、「廠軍頭」、「眾軍」，幾乎讓人感覺面面俱到。

雖然此一方面的花銷主要是在抵達張家灣之後，但是在木植採運的其他環節也有類似的記載。如「苗疆行家十餘戶，每送鹽魚、煙等項」、「錦屏縣尉須送禮」、「在托口問候衙役，每人給米一升」等。〔註38〕

以這些記載的認眞和詳實程度而言，此種看似「非常規」的花銷，似乎早已成爲「常規」花銷的一部分。在時人眼中，這些都屬於應酬之「向規」。

〔註30〕卷一之九〈神篷敬神需用各項〉。
〔註31〕卷一之十一〈桅木、段木合式係用部尺〉。
〔註32〕卷一之五〈德山簹纜、人夫及飯食並需用毛竹各數〉。
〔註33〕卷一之二十一〈每筏應用各物〉。
〔註34〕卷一之十二〈做簰須用各項〉。
〔註35〕卷二之一〈稟藩憲〉。
〔註36〕參見卷一之十五〈京用〉及卷一之二十二〈抵灣〉。
〔註37〕參見卷一之二十一〈每筏應用各物〉及卷一之二十二〈抵灣〉。
〔註38〕卷一之十九〈托口〉。

〔註 39〕因而這些材料抄寫，並不是對某一次行爲的簡單記錄，而可以視爲一種可供後來者參考的規程。

（四）木植計算：材積、價格與稅務

在卷一中，有部分涉及計算的類技術性規範。木植交易具備一定的專業性，首先需要確定標的物的尺寸（即其材積）。如果說上一節關於各項花銷的內容是對應〈湖南解京例木〉中的額定價銀而言，那麼關於木植尺寸的計算，則是對應例木的尺寸要求。

針對不同種類的木植（桅木、段木），《案牘》均記載了所謂的「合式之例」，即通過頭、尾徑的圍量，及木植的長度，確定木植材積的算法。〔註 40〕同時，對於「尺」的選擇（「裁尺」、「部尺」、「灘尺」〔註 41〕），及圍量中的其他注意事項也作了交代（「以杜圍量手作弊之端」〔註 42〕）。

圍量後，木材貿易一般以「龍泉碼」確定材積。第十八篇〈江寧賣木龍泉馬價〉以表格的形式列出了詳細的龍泉碼價。但在採買時，各地對於尺式、貫頭、用銀等項的習慣均有差異。故而，對於在採運例木全程的頭（「托口及苗地」）、中（「南京」）、尾（「張家灣」）三個地點進行木材貿易時所需要注意的情況，《案牘》均有說明。〔註 43〕

除了在採買、出售、交卸等環節需要計算木植材積，沿途遇到稅關的時候也需要相應的計算。第十六篇〈九江正稅則例〉即依據不同木植的種類，介紹了各類稅款的計算方法。關稅的大致花銷約爲「九江關稅，三百五、六十金；蕪湖稅，三百五、六十金。南金關稅，四百餘金」。〔註 44〕

（五）辦木向例

卷二的官文書中，在述及採買例木時，常常強調其爲「循照向例」。〔註 45〕這些「向例」不僅是經驗的不斷實踐，也是其不斷總結。寬泛而言，上述關於程途、花銷和計算的規程，都屬於「向例」。但是在這些之外，在卷一中還可以找到不少關於具體行動或操作方式的「向例」。

〔註 39〕參見卷四之二十四〈致居停（廿三）〉。
〔註 40〕參見卷一之十一〈桅木、段木合式係用部尺〉。
〔註 41〕參見卷一之十〈採買桅、段木植〉及卷一之十一〈桅木、段木合式係用部尺〉。
〔註 42〕卷一之十一〈桅木、段木合式係用部尺〉。
〔註 43〕參見卷一之十〈採買桅、段木植〉。
〔註 44〕參見卷一之二十一〈每筏應用各物〉。
〔註 45〕舉例如卷二之四〈移常德府（一）〉、卷二之五〈移沅州府〉。

在德山「立關」時，即有不少「向例」。如「立關次日，例請德山、河洑、白馬渡王客總行家便酒飯」。〔註46〕在斧木時，也有一些歷來遵循的「規矩」，如「徽、臨兩幫簰，每百斧一根」。〔註47〕又如作爲採買經驗總結的「坎青山盤費浩大，多有坎青山，算來不如買平水的」。〔註48〕在托口或苗地採買，也有值得注意的「技巧」，如「買鹽魚、煙葉，帶去賞苗子」。〔註49〕

除了在敍述中點出「注意事項」，《案牘》中還有專門逐條列明的「條款」。自「簰到江寧」開始，直至「交木」爲止的各類事情，《案牘》中共列有十七條。〔註50〕另外，在卷一最末，第二十五篇即爲〈辦木條款〉，其中詳細記載了如何檢查桅、段木的尺寸、質量，自苗疆購買木植及放排至托口的注意事項，等等。其中最值得玩味的，是一些交易經驗的記載，如「號合式桅、段，只宜多號少買」，最後「其價自肯減除」。又如，「茅坪行家有監生、生員，都有體面，須請吃酒飯」。再如，在額定數目之外還要多辦木植，「桅木務要辦三、四十根方妥」，「段木務要辦五、六百根方妥」，因爲「恐有不合式者，易於挑選，方可繳工部」，等等。這些經驗顯然難爲外人所知曉，而其通過被記載下來，使這些某種程度上的「地方性知識」的傳承得以可能。

（六）相關公文

在以上內容之外，卷一中還有兩篇公文，即第二十三篇〈過關甘結〉和第二十四篇〈繳關防文〉。

前者係押運木植的官員通過稅關時的具結文書。最有意思的是，其中甚至專門提到「其中並無書役需索等弊，所具甘結是實」。這與其前文關於各類打點花銷以滿足「書役需索」的記載形成了鮮明的對照。後者則是押運官員啓程赴京前，向上級繳出關防的公文。

這兩份文書在時間上有差別，前者署明爲「乾隆四十三年」，押運的是丁酉年（乾隆四十二年）例木。後者時間並未明確，但押運的是辛丑年（乾隆四十六年）例木。這兩道文書的內容均可以在乾隆四十二年十月二十四日，時湖南巡撫顏希深的〈題報辦解桅杉架槁木植用過價腳銀〉中找到一些

〔註46〕卷一之一〈湖南解京例木〉。

〔註47〕卷一之十九〈托口〉。

〔註48〕卷一之一〈湖南解京例木〉。

〔註49〕卷一之十九〈托口〉。

〔註50〕參見卷一之十七〈常德府德山至張家灣水路程途〉。另外，在卷一之二十〈抵灘〉中尚有一條。

印證：〔註51〕

　　　　兵部侍郎兼都察院右副都御史巡撫湖南等處地方提督軍務兼
理糧餉臣顔希深謹題。爲奏明停辦木植事。該臣看得，湖南省乾隆
肆拾貳年分應辦桅、杉、架、槁木植，經前司詳委，署常德府同知、
〔註52〕長沙府通判英安，照依部定價值，發銀三千玖百伍拾貳兩三
錢陸分，經前撫臣批餉領項辦解在案。茲據湖南布政使圖桑阿詳稱，
據該署同知文報，置買合式桅木、杉木、架木、杉槁，運至常德府
德山河下，捆紮成□□□□□，擇於乾隆肆拾貳年玖月貳拾日開行。
照例委員量驗丈尺相符取結，請咨解運，造冊詳覆，等情。前來臣
查冊開，桅、杉、架、槁等木，共計貳千根，通共用過價腳銀三千
玖百伍拾貳兩參錢陸分，照例預年動支給領，除冊送部外，謹題請
旨。

　　上述題本是關於「丁酉年例木」的資料。在這一題本中言及「照例委員
量驗丈尺相符取結」，〈過關甘結〉亦言「所有餘木，遵照丈量、納稅訖」，可
以對照。關於起程日期的記載，也相接近。題本中的說法是「擇於乾隆肆拾
貳年玖月貳拾日開行」，而〈繳關防文〉則爲「定於九月初六日起程」。二者
僅相差十四日，說明兩年均擇選了相近日期啓程，這也與當地的水文條件有
關。〔註53〕

　　與卷二的公文相比，這兩道簡短的文書並未涉及州府間的往來協調，而
更像是採運過程中的例行手續，某種程度上對於後來者或許屬於可以借鑒的
文書樣式，故而歸入卷一也並不十分突兀。

二、卷二：公文與「官例」

　　卷二所錄主要均爲各類官文書。依據其內容，大致可以分爲五類。首先

〔註51〕〈題報辦解桅杉架槁木植用過價腳銀〉，藏臺灣歷史語言研究所（內閣大庫檔
　　　案 043429-001，乾隆四十二年十月二十四日）；另參見張偉仁主編：《明清檔
　　　案》，臺北：聯經出版事業公司 1986 年版，A232-011。
〔註52〕湖南例木採辦，似乎歷來委署常德府同知辦理。參見〈奏爲動支道光十八年
　　　地丁銀兩採辦年例木植事〉，藏中國第一歷史檔案館（檔號：03-3349-020）；〈奏
　　　爲採辦例木由海運京事〉，藏中國第一歷史檔案館（檔號：03-5573-143）。
〔註53〕參見高笑紅：〈清前期湖南例木採運——以《採運皇木案牘》爲中心〉，載張
　　　新民主編：《探索清水江文明的蹤跡——清水江文書與中國地方社會國際學術
　　　研討會論文集》，成都：巴蜀書社 2014 年版，第 624 頁。

是作為類似於辦理採運總綱目，而列於卷首的〈稟藩憲〉一篇。其後，依據採運例木的不同階段，分為三類。先是針對不同層級對象的「移」、「示」，主要立關採辦前關於採運任務的示禁曉諭；再是涉及例木採辦過程中出現的五個案件及其處理；隨後是關於採辦完畢、啓程運輸的事項。最後則是一些涉及官員個人事務的公文。

（一）木差利弊

卷首的〈稟藩憲〉篇幅較長，收錄也相對完整，〔註54〕故而能提取很多信息。其內容主要是基於過往的採辦經驗，故而向上級「直陳木差利弊」，請求「批示遵行」。這一篇基本可以作為該屆採木官員自己總結的辦事總綱，與其後的內容也多有呼應。

該篇主要總結了四項「木差利弊」。其一，採辦木植時，在額定的「正數」之外，還應當「酌帶備木，並酌增護木」。其原因在於「自楚運京，統計水程五千有零」，「經濤涉險，保無疏虞」。並舉例前屆運木時，「陡遇風暴」，「漂失護木二千五百根」。故而，雖然之前已經「例准委員自帶保水護木四千根」，但是為保周全，仍建議多備「桅四根」、「杉四十根」，護木在原定之外，「再酌增一千」。如此，則「防備既周，而保護益固」。〔註55〕

其二，關於採辦例木之事，應當「咨明黔省」，由其「出示嚴禁」。由於採辦例木時，向來均在「三江」苗地採辦，「委員到彼，身屬客官」，而且該地的「行戶、苗販並外來客商，無不心存歧視」，所以容易出現兩個問題。第一是價格，「行戶串同苗販，不遵號買，高抬價值」；第二是貨源，「客商勾通行戶，將合式大木爭先搶買」。故而希望由官府出面，達到使「該行戶、客商知所畏懼，不致阻撓」的效果。這一條也是後續眾多官文書之所以產生的由來。

其三，則是關於額定價銀的問題。其認為官定的價銀不敷使用的原因有二：第一是額定價銀並不僅僅是買木的開銷，木價以外的一應人、物等各項花銷，其實均在其中；〔註56〕第二是額定價銀「歷無加增」，但市場上「市物

〔註54〕後續許多公文常有不同程度的節略。

〔註55〕採辦例木中遇到漂失木植情況，可參見〈奏為署常德同知衛鳳山辦運例木漂失請議處事〉，藏中國第一歷史檔案館（檔號：03-3645-033）。

〔註56〕卷二之一〈稟藩憲〉：「解繳部、科飯食銀一百八十兩，並回覆採買丁役飯食，紫繃篾纜、板片、犁錨、蓬索、溇船等項，以及長途駕運人夫工食，一切雜費，又悉無開銷，向於額定木價之中，均勻動用。」

之貴賤，今昔懸殊」，「近年大木甚少，市價本昂，實難如定價而購」，導致開銷益增。其提供的處理辦法在於在幾種木植之間「均勻動用」。通過在抽買時「酌量發價」，在某些地方節省費用。但是，由於官方採買已經行之有年，信息並非保密，所以「額定木價爲眾共知」。在這種單方透明的信息條件下進行議價，顯然對採辦者極其不利。而且，在採辦者試圖壓低價格的時候，不僅商販以爲採辦者「侵蝕短發、任意謊張」，連地方官員，如果不是久在當地，也是不明就裡，容易偏聽偏信，而殊不知「一切雜用、運費之例無開銷」。基於此，其希望各地方官「明白曉諭，使行戶、商販咸知詳悉」，以爲採買時的議價做準備。

其四，是關於採辦例木的人事安排，其認爲具體經辦的「委員、丁役，宜愼選嚴束」。由於例木需要在多地採辦，委員難以事事親力親爲，且事有期限，所以「不得不遴選丁役，分路趕辦」。但一方面，「丁役之中，奸良不一」，另一方面，地方上「牙儈市棍，在所皆有」。話雖如此，但究其實質，是對外來採辦人員與在地人員之間衝突的預先防備。可見以其過往經驗來看，類似的案件並非鮮見。從後文中也可以看到不少此類衝突的記載。所以，其希望「出示嚴禁」，無論是「丁役滋事」，還是「地棍生端」，都應由委員與地方官「彼此移照，秉公查辦」，達到的效果是「在委員固不可迴護丁役，歸咎小民，而地方官亦不得偏聽刁詞，妄懲丁役」。

需要注意的是，〈稟藩憲〉中所有的敍述和論證，均是站在其立場上的討論。歸納以上四項，除了第一項類似於客觀規範，其他三項某種程度上都是關於主（在地者）、客（採辦者）矛盾的預防。所謂的「木差利弊」，最大的問題在於外地官吏與本地民人乃至官府之間的衝突與協調。所以上述後三項的解決方法均相類似，都是要求地方官府「出示曉諭」。幾方背後的利益自然不相一致，但是〈稟藩憲〉希望能通過官府間的信息溝通，最後在某種程度上依靠當地官府，在一定程度上預防、解決這些問題。

（二）出示曉諭

與〈稟藩憲〉中的請求相呼應，卷二中收錄了大量主題爲「出示曉諭」的官文書。這些文書的內容及語句均大致相類，又多有層疊套引，幾乎可用作對校。而區別在於，各個文書的對象地點有所不同，且可以看出，隨著採辦進程的推進，文書的內容稍有變化。

採買木材涉及的地方眾多，這些「曉諭」也相應集中在「三江」苗地、

德山、托口、靖州，〔註57〕及運輸途中的辰州。以下也據此分別述明。

1.「三江」苗地

所謂「三江」苗地，卷二的文書中慣用「向在貴治之毛坪、王寨、卦治等處產木地方豎旗採辦」〔註58〕一類的表述，以上大略均屬苗地。

率先進入苗地的採辦人員主要是「丁役」。如移文中交代的，委員「現在赴省領銀」，「今特先遣丁役前往毛坪，豎旗選號」。〔註59〕故而先移文黎平府，〔註60〕再由其出示「三江」。〔註61〕隨後，委員也奔赴苗地，「移駐王寨，豎旗遴選買」。〔註62〕到王寨後，再更深入苗地，「分路採買」。〔註63〕除了對王寨出示外，〔註64〕尚曉諭「亮江、銀洞」〔註65〕等處的行戶。

向各地示禁的內容基本上與〈稟藩憲〉中所述一致：一是禁止高抬市價，二是禁止搶買大木。實質上是保證採辦者能按照自己意願的價格、購得符合自己要求的貨物。除此之外，則是強調需要保證質量，「不許稍有短小，亦不得以灣朽之木混行充數」，〔註66〕等等。

2. 德山、托口

在苗地之外，委員自然會親赴常德德山或黔陽縣托口，「豎旗採買」，〔註67〕但示禁的內容與苗地略有不同。由於在德山及托口，主要的採買手段是在立關後，「於經過各客商木簰中，每百根內抽買一、二根」，〔註68〕所以在「不得

〔註57〕參見卷二之一〈稟藩憲〉。

〔註58〕卷二之二〈移黎平府（一）〉。

〔註59〕卷二之二〈移黎平府（一）〉。需要說明的是，卷二之二〈移黎平府（一）〉與其後的卷二之三〈移黎平府（二）〉的內容基本一致，或可以視爲同一個文本的不同版本，僅僅在個別用詞和細節上略有差異。另外，卷二之十八〈示毛坪、王寨、卦治〉也有類似表述。

〔註60〕兩道相關移文，即卷二之二〈移黎平府（一）〉、之三〈移黎平府（二）〉。

〔註61〕即卷二之十八〈示毛坪、王寨、卦治〉。

〔註62〕卷二之十三〈移錦屏捕廳〉。

〔註63〕卷二之十五〈移天柱縣〉。

〔註64〕參見卷二之二十二〈示王寨〉。

〔註65〕卷二之十五〈移天柱縣〉。

〔註66〕卷二之二十〈示（二）〉。

〔註67〕卷二之四〈移常德府（一）〉。需說明的是，此篇是難得的較爲完整的公文書。其他文書常將套引的部分省略，多徑直以「等因」開篇，或以「云云」省略引用內容。又，其中涉及「欽安殿」用木尺式，與附卷之二〈燈竿木〉相合。托口立關，參見卷二之五〈移沅州府〉。

〔註68〕卷二之四〈移常德府（一）〉。卷二之五〈移沅州府〉也有類似表述。

高抬木植」等之外，〔註 69〕示禁中主要須避免的問題是「勾通客商，私行偷過」，及「包攬客商木植，不遵選買」。〔註 70〕而關於抽買，在示禁中還給出了「冠冕堂皇」的理由：〔註 71〕

> 在爾等商販，莫非王民，處此升平盛世，飲和食德，亦當急公奉上，共襄厥務，方不愧爲良民。至架、槁一項，既經詳定，於托口經過商販木簰中，分別每根抽買一、二根，已於辦公之中，深寓體恤之意，凡屬商販，尤應踴躍從事，豈復尚有阻撓耶？

另外，受到下述「楊德朝等捏詞妄稟案」的影響，還特別強調了過關時候的木植根數與票證問題：〔註 72〕

> 嗣後如有簰筏過關，務須遵照往例，將根數報明，聽候抽買；
> 其前委未經撤銷舊票，概不准隱射過關，以致混亂章程，貽悮公務。

在採辦過程中，辦理的章程也常有變化，故而示禁的內容也因之調整，這也便體現了官府間乃至採辦人員間相互協調的重要性。

3. 靖 州

靖州似乎本不是立關採買的地方。〔註 73〕委員也「遵照往例，親駐常郡德山河埠」，而「分差丁役」，除了「前往辰、沅兩郡、黔省苗地」之外，還奔赴靖州「聚木處所」採購。〔註 74〕其示禁內容無甚區別，但強調的是僅去採購「欽安殿旗杆、桅、杉大木，以憑報解」，這或許是其奔赴靖州的原因。

（三）辦木案件

與〈稟藩憲〉中總結的一致，辦木過程中常會出現各種矛盾衝突。總結而言，卷二中共涉及五起案件，種類各異，頗可玩味，以下分述之。

1. 楊德朝等「捏詞妄稟」案

述及該案的主要是卷二之八〈移常德府（二）〉及卷二之十九〈示德山〉兩篇。該案發生地應在德山。據其描述，可以整理出大略案情。先是，「楊德朝、楊任賢、林景周等木簰至關」，由於需要在經過客商木排中抽買，關於驗

〔註 69〕卷二之九〈示托口〉。
〔註 70〕卷二之四〈移常德府（一）〉。
〔註 71〕卷二之九〈示托口〉。
〔註 72〕卷二之十九〈示德山〉。
〔註 73〕參見卷一之一〈湖南解京例木〉。
〔註 74〕卷二之七〈移靖州〉。

票發生糾紛，故而這些客商具稟上告，稱「呈票驗放」時丁役有「倚勢揹木情事」。〔註75〕

這一案件的處理其實分爲兩個部分。首先是調查這一事件的眞實性。按照移文中的說法，委員隨即親自帶人到「德山附近埠頭，逐一覆查」，調查結果是「既無楊德朝等客簿，亦無楊德朝其人」。〔註76〕另外，「即傳喚稟內列名之林景用到案，據供，並不知情」。〔註77〕據此，移文中認爲，「其爲假名捏詞妄稟，已無疑義」。〔註78〕

但是這並沒有終止整個案件的進一步處理。雖然具稟人可能是「假名」，〔註79〕但是案件所反映的問題仍需解決。這些客商之所以「捏詞妄稟」，是因爲「欲以前委未經撤銷之舊票，欲圖影射過關」。〔註80〕而「楊德朝等所稟，固屬了虛，而其現呈印票，實爲可據」。〔註81〕客商的木牌經過抽買之後，則發給印票，以作憑證，不至於處處抽買。這些票據確實爲眞，只不過是「舊票」。而之所以客商以爲能持「舊票」過關，是因爲前屆委員「未飭留丁役收取印票，先期而去」，故而「所有印票無處繳銷」，以致於丁役將這些舊票藏匿，「私給牙儈」，再由「牙儈」串同客商試圖蒙混過關。〔註82〕

最後的處理結論是，除了示禁曉諭之外，規定凡是「八月初一日以後在托口所發之票，准其放行，不複重買；在八月初一日以前之票，仍應照例抽買」，〔註83〕等於「因時調劑」，設置了一條新的驗票規則。當然，對於整個案件而言，「其中唆使，亦必另有其人，現在訪查拿究」。〔註84〕

2. 王祿先「妄議阻撓」案

此案的發生地在王寨，是採辦人員與當地民人之間糾紛的典型體現。在官府看來，此案屬於「地棍阻撓滋事」，矛盾雙方爲採木丁役張德與當地民人

〔註75〕參見卷二之八〈移常德府（二）〉。
〔註76〕卷二之八〈移常德府（二）〉。
〔註77〕卷二之十九〈示德山〉。
〔註78〕卷二之八〈移常德府（二）〉。
〔註79〕《案牘》中關於這一事件的人名記載也有分歧，在移文中爲「楊德朝」、「林景周」，而在後續〈示德山〉中則變成了「張德朝」、「林景用」。
〔註80〕卷二之十九〈示德山〉。
〔註81〕卷二之八〈移常德府（二）〉。
〔註82〕參見卷二之八〈移常德府（二）〉。
〔註83〕卷二之八〈移常德府（二）〉。
〔註84〕卷二之十九〈示德山〉。

王祿先。

　　此案相關案情的記載較爲詳細：委員於乾隆四十五年十月到王寨採買木植，隨帶有丁役張德，「即屬辦工之人，其臨河看木，亦分所當然」。〔註 85〕在「本月十二日」，張德於午後到河下看木時，「不料突遇一人，約有四十多歲，走到簰上，見小的號記木植，口裏亂罵起來。說是湖南的官只該在本省採買木植，如何許他到貴州地方來採辦皇木？今此簰大木是我要買去起屋的，那個敢來號買，我就要打死他的」。〔註 86〕據張德稱，其時並未與之爭論，而於隨後回稟。

　　委員隨即展開調查，先是「傳喚本主家王德富，清查該犯寓所、姓名」。據稱，「午後在河下嚷罵的人，是坒處三門塘開木行之王守先的兄弟，名叫王祿先。他自嚷罵，後就回去了。他在此地並未投寓，也無買木情事，不知他怎樣吃醉了酒，在此多事。至公差張德，並沒有與他爭較」。〔註 87〕據此描述，此事本來僅是民人酒後「嚷罵」，但是在移文的認定中，屬於「妄行議論，大肆狂吠」，〔註 88〕而且該人「既非本地寨民，又非山販客商，乃敢到此妄議公事，肆行阻撓，實屬刁惡棍徒，目無法紀」。〔註 89〕按照調查，「該犯業已潛逃」。〔註 90〕但是，並不應因其逃回，就輕易放過，因爲「誠恐將來該犯復至此地，妄行阻撓，殊於採辦欽工重務，大有關礙」。〔註 91〕所以需要「地方官嚴拿懲治，並令取具遵結，交保管束」，〔註 92〕這也是這兩道文書之所以產生的原因。

　　這一案件本不複雜，具體分析起來，依據其描述，採辦人員並未「滋事」。王祿先的「妄議阻撓」故而顯得有些莫名其妙，也並未造成實質損失。但是，一方面，採辦者之所以對此反應激烈或許另有原因，如爲儆效尤，故而嚴查哪怕較小的忤逆情事。而另一方面，從民人王祿先酒後到河下嚷罵的話語中（如果這些話語並未經過較大變易的話），似乎不難發現其借酒發洩的對採辦者的不滿。這些話語，一是關於跨省辦木的不滿（「湖南的官只該在本省

〔註85〕卷二之十〈示（一）〉。
〔註86〕參見卷二之十四〈移遠口司（一）〉。
〔註87〕參見卷二之十四〈移遠口司（一）〉。
〔註88〕卷二之十〈示（一）〉。
〔註89〕卷二之十四〈移遠口司（一）〉。
〔註90〕卷二之十〈示（一）〉。
〔註91〕卷二之十四〈移遠口司（一）〉。
〔註92〕卷二之十〈示（一）〉。

採買木植，如何許他到貴州地方來採辦皇木」），二是關於在地者與採辦人員關於木植需求的直接衝突（「今此簰大木是我要買去起屋的，那個敢來號買，我就要打死他的」）。客主之間，即使是情緒上的矛盾也藉此展露無遺。

3. 穆先「窩留匪類」案

此案的發生地亦在王寨，案情稍顯複雜，程度較爲嚴重，且並非單一事件，前後時間也較長。

據「湖南長沙糧府差役」趙成的稟詞，[註93]「本年正月初二日」，趙成隨「吳主至王寨採辦解京例木」。王寨當地有「開泰縣民穆先者，在該地置買房屋，開張歇店」，[註94] 容留「湯兆麟等數十餘人，在此日夜賭博，設局害人」。二月，內使何順因被「誘賭」輸錢，隨即被主人驅逐。在「挑取鋪蓋行李下船」的時候，被湯兆麟看見，稱其尚欠賭債，後來經過理論退還。五月初九日，這些人帶同幼童人等在巡船上「亂鬧」，被傳諭約束，「不許縱容滋擾」。據稱因此懷恨在心。

五月十一日，趙成「雇船隻赴毛坪公幹」，與一隻「唐姓甕洞船」談妥並交清價款。但即將開船時，「船戶又欲增價」，還不許「退錢另雇」。爭論之下，「湯兆麟、唐晚弟、唐老晚」等人糾集「不知姓氏十餘人」[註95]到場群毆，趙成的「頭面、鼻梁、左乳、心坎、兩脅均被打傷」。經稟報後，本來傳喚穆先要求其進行管束，但是反而「被穆先糾領匪徒至公館大罵」。

這一案件，被總結爲「土豪穆先，膽敢窩藏沅、靖漢奸，朝賭夕盜，酗酒滋事，地方受害已非一次」。而最後，「竟敢縱容匪徒，擅至公館吵鬧，將巡役打傷」，「不但不遵，反敢逞強藐法，可惡已極」。[註96]此案本屬鬥毆案件，但是文書中關注的重點更在於穆先的「窩留」。

穆先作爲歇店主人，本有約束之責，所以所有湯兆麟等人的行爲，均被歸咎於穆先的「縱容」。官府的要求是，「凡年壯流丐，恐係外來奸匪，假裝肆橫，爲害地方；俱應嚴行查禁，並飭鄉保盤詰驅逐，不許容留在境，滋擾貽害」。[註97]但在穆先的歇店，卻「凡有沅、靖等處無賴匪徒，不查來歷，

〔註93〕以下除另外註明外，均參見卷二之十二〈稟詞〉。

〔註94〕卷二之二十三〈示（四）〉。

〔註95〕卷二之二十五〈移黎平府（四）〉。

〔註96〕卷二之十一〈又示〉。

〔註97〕卷二之二十三〈示（四）〉。

窩寓盤踞。日則聚眾賭博，夜則肆行偷竊」。﹝註98﹞這被認爲是此案發生的根源所在。

案件在調查清楚後，這些公文的主要任務則是緝拿隨後潛逃的穆先等人。同時示禁地方，「凡外來買賣貿易人等，或投歇賃住，務須詢明來歷，方許留寓。倘係游手匪徒，行蹤不法，立即鳴知鄉保，協拿報解，以憑盡法懲治，毋得容留聚賭偷竊，爲害地方。如鄉保敢於狗縱，一經訪聞，或被告發，定行一併鎖拿重究。本府言出法隨，決不稍爲寬貸」。﹝註99﹞

4. 趙光南「把持行市」案

在地方，除主家之外，保甲更是重要的可以倚賴的角色。但是此案卻是直接關於王寨保長趙光南的。

案情其實十分簡單，大略是採辦人員在議價時，保長趙光南突然出現「挺身阻撓，挶勒不賣」。﹝註100﹞移文中表明，調查發現當地的議價「行規」，「惟憑買、賣主家兩相議價，從不容他人攙越其事」。故而認定趙光南「逞強出頭，阻撓公務，顯係包攬本植，把持行市，於中漁利」。而且關鍵在於「若不查究，則苗民相習效尤，勢必貽誤欽工重務，關係匪輕」。

事情本至此已經結束，但是在採辦人員備文「移明錦屏縣捕廳拘究」時，保長趙光南卻表示，他「係奉府所委，非錦屏捕衙所能管束」。這一言論被視作「視客官如弁髦，又以佐雜爲兒戲」，情況嚴重，「實爲地方之害」。故而移請黎平府查究。

更進一步的，採辦人員調查發現，依據律例之規定，趙光南保長的身份有問題。因爲保長必須「各就本地土著，公舉承充」，但是查趙光南「係府城民人」，並非本地人士。更甚，查出其「上年在毛坪充當保長，而本年又至王寨充當保長」，故而懷疑趙光南「冒充保長，盤踞鄉間，藉端滋擾」。

從這一案件，可見採辦人員對議價過程極度謹慎的緣由。在其眼中，「該販已情願出售」，但是突然被保長攪局。故而也就不難理解有的示禁曉諭中，出現「均不得擅自上樓」﹝註101﹞這類的表述。

﹝註98﹞卷二之二十三〈示（四）〉。
﹝註99﹞卷二之二十三〈示（四）〉。
﹝註100﹞卷二之十六〈移黎平府（三）〉。以下案情相關內容均據此。
﹝註101﹞卷二之二十一〈示（三）〉。

5. 龍汝邦等「搶撈木植」案

「搶撈木植」可謂是清水江流域等地的「經典」案件類型。〔註 102〕木材的運輸依靠沿江放排，放排途中難免遭遇大水，乃至漂失木植，隨後便會出現「拾得遺失物」的問題。這一場景在放排流域十分常見，當地的相關規約很多，〔註 103〕學界對此也有討論。〔註 104〕

具體到本案上來，案情並不複雜，但記載十分詳細。五月二十二日，採辦人員選買山販石化琨等人的杉木共計十二根，並且「各木頭亦均寫有紅硃上用字樣」，因為「時已日暮，未及折出」。〔註 105〕不料翌日一早，突發大水，木排漂失，採辦人員隨即「飭令主家、山販駕船趕撈」。〔註 106〕最後查明，這些杉木在「宰貢、坌處地方」，被「龍汝邦、龍汝富等搶撈，揞勒不還」。〔註 107〕為此，具備公文移請遠口司處理，歸還木植。

案件並不新奇，但移文的說理部分頗值得玩味。移文認為這種「揞勒不還」的行為「大干律禁」，〔註 108〕在說理時援引了律條：〔註 109〕

> 查《律》載：得遺失物，限五日內送官；官物盡數還官，私物召人認識，半給充費半還；失物人如五日限外不送官者，官物坐贓論罪，罪止杖一百、徒三年，仍追物還官，私物減罪二等。

在援引之前，移文專門查明了當地關於此事的「習俗」，即「被漂木植，既經本主親往趕撈，應各聽木撈救」，即使幫忙撈獲，「亦不過量為酬謝」。基於此，其在引用律條之後的說理，則更顯「舉輕以明重」：〔註 110〕

> 況○府被漂木植，乃欽工要件，所發價銀，乃國家帑項，更非尋常官物可比。即山販等被漂之木，當經本主趕救，亦與遺失之物

〔註 102〕所謂「溪河暴水，事所常有」。參見卷二之二十四〈移遠口司（三）〉。

〔註 103〕如參見安成祥編撰：《石上歷史》，貴陽：貴州民族出版社 2015 年版，第 31~33 頁。

〔註 104〕如參見程澤時：《清水江文書之法意初探》，北京：中國政法大學出版社 2011 年版，第 256 頁及以下；徐曉光：《清水江流域傳統貿易規則與商業文化研究》，北京：社會科學文獻出版社 2018 年版，第 130 頁及以下。

〔註 105〕卷二之二十四〈移遠口司（三）〉。

〔註 106〕卷二之二十七〈移遠口司（二）〉。

〔註 107〕卷二之二十七〈移遠口司（二）〉。搶撈者「龍汝邦、龍汝富等」，又稱為「龍、王二姓」，及「龍汝邦、龍汝富、龍子承等」，見卷二之二十四〈移遠口司（三）〉。

〔註 108〕卷二之二十七〈移遠口司（二）〉。

〔註 109〕卷二之二十四〈移遠口司（三）〉。

〔註 110〕卷二之二十四〈移遠口司（三）〉。

有間，豈容該地棍乘勢搶撈，恃強掯留？

簡言之，移文其實並不認爲這些漂流木屬於律條所言的「遺失物」（「亦與遺失之物有間」），但之所以援引此條，在於說明即使遺失物都不許強留不還，何況並非遺失物。益以此項木植乃是「欽工要件」，涉及「國家帑項」云云，藉以加強論證。這一說理過程，既查證習俗，又援引律條，更強調其特殊的身份情事，最後表明「照律酌量」，「以靖地方」。〔註111〕條分縷析，層層說明。

除此之外，採辦人員還由點及面，藉此事希望徹底整頓此類問題。其查明常有撈獲漂流木植的情況，而「或勒索重價向贖；或將斧記字號劈去，硬不許認；或將木植鋸斷，私行藏匿；或竟將木牌放至洪江等處售賣」，種種行徑，導致「商民飲恨，負屈莫伸」。〔註112〕故而，出示曉諭嗣後凡遇到採辦人員的漂流木植，都需要協力撈救送還。不僅如此，還規定「即商販被漂木植，亦不得違例勒贖」。〔註113〕

（四）啟程運輸

1. 運木啟程

卷二中的若干文書係與木植的運輸過程相關。例如對途中關津需移文通報，如遇所運例木，應「照票放行，不致逗遛阻滯」。〔註114〕

在進入貴州採辦木植前及過程中，採辦者與當地官府始終保持密切的照應往來。而在採買完成後、啓運之前，也需要對當地有所通報。如以卷二所言及的辛丑年木植來說，「已將柮、杉木植，按照部定長大尺寸，如數採辦齊全，陸續挽運赴楚」。〔註115〕此時亦需說明，「所買各木，俱係憑行秉公議價，當時給領，並無短發，亦無高抬市價情弊」。但是，任務其實並未圓滿完成，「奉部行取欽安殿旗杆、燈杆木三根，○廳於各處深山峻谷遍行採訪，實無合式者」。雖然如此，也不能因此拖延，「致違例限」。於是向當地通報「所有辦齊柮、杉木植，及出境日期」。最後結束在黔省的任務，「回楚紮筏北運」。

〔註111〕卷二之二十四〈移遠口司（三）〉。
〔註112〕參見卷二之十七〈移遠口司（二）〉。
〔註113〕參見卷二之十七〈移遠口司（二）〉。
〔註114〕卷二之六〈移辰州府〉。
〔註115〕卷二之二十七〈移黎平府天柱縣〉。本段其後均參見此篇。

2. 搭木代運

在木植運輸的過程中，最爲「巧妙」的一招，則是「搭木代運」。如前所述，辦理採運的花費顯得捉襟見肘，「因值苗疆、辰、沅各處產木甚少，採辦非易，而部價有限，賠累更甚」。〔註116〕並且，除了需要購買正項木植，爲保萬全，還需要置辦「護木」。所謂「自德山起運，由洞庭過長江，沿途磯石崚峻，水勢洶湧，經濤涉險，恐難免磕散之虞，必得多架護木，方保萬全」。〔註117〕在此種情況下，「搭木代運」的做法應運而生。

簡而言之，此做法即是「官排搭運商木」。〔註118〕在官排方面，負責一應路上開銷，包括稅務辦理，即「所有該商木植應納三關國稅，以及一路盤運、人工、食用、篾纜、篷舍，俱係本分府代辦」。而在商人方面，需要支付相應價款，並約定「按照商例，分爲四次兌交」，即於德山、九江、蕪湖、南京分四次支付價銀。〔註119〕應付價銀依據木植的尺寸數量，按照〈公議新敷頭底〉計算。〔註120〕另外還約定，商人隨帶的「小夥雇工二十餘人」，也由官排支付相應伙食、工價，使其「沿途協力相幫」。〔註121〕

對於官排而言，這一模式的優勢明顯，因爲「與其自買小木出售，不如搭木分利爲妙。蓋搭木總不論客人之折本賺錢，而我們之現銀已得，豈不妙

〔註116〕卷二之二十六〈搭木執照〉。
〔註117〕卷二之二十六〈搭木執照〉；亦參見卷二之一〈稟藩憲〉。
〔註118〕關於「搭木」的具體解讀，尚有不同意見。如認爲係「湖南例木委員英安與徽商戴喬如合作，讓後者爲之將皇木代運至金陵，……作爲回報，徽商戴喬如本應繳納的過關稅費以及盤運人工的費用支出，則均由英安方面代爲墊付」。參見王振忠：〈徽、臨商幫與清水江的木材貿易及其相關問題——清代佚名商編路程抄本之整理與研究〉，載《歷史地理》（第29輯），上海：上海人民出版社2014年版，第39頁。又如認爲「英安與徽商戴喬如合作，以該商在德山河的木植爲皇艜護木，然後爲其沿途代辦關稅及人工雜費，將皇木與商木一併運至南京」。參見高笑紅：〈清前期湖南例木採運——以《採運皇木案牘》爲中心〉，載張新民主編：《探索清水江文明的蹤跡——清水江文書與中國地方社會國際學術研討會論文集》，成都：巴蜀書社2014年版，第633頁。後一說法並未詳細言明辦理模式，而前一解讀中認爲木植係由徽商「代運」，及認爲稅費及各項支出僅是由英安方面代爲「墊付」，似乎均可商榷。
〔註119〕卷二之二十六〈搭木執照〉：「該商於德山先交十分三四，照商例扣利銀二分五釐。九江、蕪湖交銀，亦照商例。自南京發銀日起，按月三分起息，江寧實兌，不折不扣。」又，附卷之一〈公議新敷頭底〉：「每千錢糧，德山付四百，照利扣算。九江付銀、蕪湖付銀，其利按月計算，以南京發銀日爲始。」
〔註120〕參見附卷之一〈公議新敷頭底〉。
〔註121〕卷二之二十六〈搭木執照〉。

哉」？〔註 122〕因爲其收取的費用是額定的，所以只要「搭得幾人，即賺得數百金」，〔註 123〕無異是擴大財源的妙招。並且在明面上，官排得以「借商木以爲保木」，還保證了正項木植的辦理順利完成，可謂一舉多得。

而對於商木而言，雖然費用不菲，〔註 124〕但是好在路上的一切費用均涵括在內。或許最爲關鍵的是，其看重的是「三關國稅」可以由官方「代辦」。雖然沒有實質的證據，但是不難想見，由官家之間對接稅務繳納，肯定比商木自行通關要划算不少。官排認爲「該商等，沾皇簰以圖便捷」，〔註 125〕這之中的「便捷」之處，恐怕多有指此。

這一模式，被描述爲「誠官、商而有裨益者也」。〔註 126〕這一看起來「雙贏」局面的出現無疑是官排方面主動尋求，加上商木方面有所需求的結果，以至於甚至逐漸形成了所謂的「客商搭木成規」。〔註 127〕官排在招攬客商方面極爲積極，這在隨後的信函中十分明顯。如明言「今須預致許公明白曉之，廣招搭客，庶於公事有益。弟現在亦與大本徽客們漸漸兜攬」。〔註 128〕關鍵更在於，這在某種程度上幾乎是必須的財源，「若無搭客，則買木並紮簰籤纜之外，尚須預備千餘，爲水腳、關稅之用」。〔註 129〕在這種情況下，積極「兜攬」自然可以理解。〔註 130〕

在商自然圖利，如無經濟上的「便捷」之處，可能很難迎合官排的這一需求。信函中甚至談到，「近年客人多不肯附搭例簰，皆緣前官賠累過甚，使人害怕也」。〔註 131〕所以，此種「雙贏」的模式無疑需要兼顧二者的利益。而官自商處得利，商必然也需借官而獲利，雖然無法明言，但其存在是毫無疑義的。

〔註 122〕卷三之二十九〈致居停（九）〉。
〔註 123〕卷四之一〈致居停（十二）〉。
〔註 124〕具體費用需個別計算，大致而言，有的部分可達百分之十以上，「如已滿三料者，照圍統以一貫八分計算價銀，每兩抽二錢五分，以資運費」，「木植如有三尺六寸以上者，照貫頭估定價銀，一九抽分」。參見卷二之二十六〈搭木執照〉。
〔註 125〕卷二之二十六〈搭木執照〉。
〔註 126〕卷二之二十六〈搭木執照〉。「而」字或爲「兩」。
〔註 127〕卷三之二十九〈致居停（九）〉。
〔註 128〕卷四之一〈致居停（十二）〉。
〔註 129〕卷四之一〈致居停（十二）〉。
〔註 130〕如卷四之九〈致居停（十六）〉：「搭客現在攬有數人，已明白言之，彼亦願搭無疑。」
〔註 131〕卷四之一〈致居停（十二）〉。

另外，關於護木的問題尚需交代。《案牘》中常言護木乃是保障正項，而「搭木」時可以「借商木以爲保木」。但問題在於，「借商木以爲保木」是如何實現的呢？這些「商木」，除了抽取部分外，更多是按照價銀估算，並不能直接補足正項所虧。且其僅運至南京，並非至北京交卸（「俟牌至江寧，將糧銀呈繳清楚，該商木植即親自認領」）。〔註 132〕易言之，這些木植仍是歸於客商，官排只是代運者。再者，〈搭木執照〉又約定，「如該商大小木植，沿途設有損壞，本分府酌量稍讓糧銀」。〔註 133〕且「沿途木植如有疏失，公衆賠補」。〔註 134〕護木、保木的原意，是當正項木植有所疏失的時候，得以替換以保證無虞，即其本身就是預存以備疏失的。但是，此處表述則顯然是「承運者」的語氣，即如有損壞，則應有所賠補。背後的意思是「承運者」需要保證商木無虞。這其實與置辦護木、保木的原意相悖。一個並無十足確證的猜測是，所謂的護木、保木，其實僅是名義上的。因爲利用「皇牌」搭運「商木」，顯係於理不合。《案牘》中曾言及，即使是「皇木」不隨「皇牌」，都容易使人生疑，更遑論「皇牌」搭運「商木」。所謂「以上用斧記之木，不隨大牌前去，沿途固有未便，即到地頭，亦恐啓人疑慮」。〔註 135〕但是，若將這些「商木」易名爲「保木」，作爲「皇木」之備換，則搭乘「皇牌」名正而言順。無論稅關、稽查，都可以有所交代。

（五）個人事務

在以上內容之外，卷二的最後還存有兩份關於個人事務的公文。

清代規定，八旗子弟隨赴外任的，在年滿十八歲時需要歸旗。但例外情況是，能幫助父兄辦理公務的，可以請示上司，並經批准後暫留幫辦公事。第二十八篇〈旗員之子詳請留署幫辦公事〉則是關於這一情事的請示文書。有意思的是，其理由也與採辦花銷有關，即「其雇夫紮筏一切支銷、工價、飯食及將來長途照應，在在需人幫助。○○閒曹窮員，廉俸無多，勢難延友辦理。今職子富森泰，學習有年，頗識事務，亦能書算，正可暫爲指臂之助，實有難以遽離之勢」。〔註 136〕

〔註 132〕卷二之二十六〈搭木執照〉。
〔註 133〕卷二之二十六〈搭木執照〉。
〔註 134〕附卷之一〈公議新敷頭底〉。
〔註 135〕卷四之二十〈致居停（二十）〉。
〔註 136〕卷二之二十八〈旗員之子詳請留署幫辦公事〉。

另外一份是關於申報稽核所領取的俸祿錢糧，其中詳細核算了其署任各官職的時間及應領錢糧數目。〔註137〕這與採辦例木的關聯在於，其由於「奉委辦例木公出，遠羈黔省，並未攜帶卷宗，無憑查核開造」，所以只好「備具空白印冊三本，並廳本任支食全、半、養廉數目」，再請幫助查核「前署任」的具體數目。〔註138〕

這兩份關乎個人事務的文書之所以出現在《案牘》之中，或許主要也是因爲其時人在途中，且事務均與例木採辦有所關涉。

三、卷三、卷四：信札中的「事理」與「人情」

卷三與卷四所收錄的均是信札，主要因篇幅及原抄本的字跡形態，分爲二卷。以內容來看，原抄本排序連貫，大體上是按照時間順序，故而可以結合起來分析重述。兩卷中共計信函五十九封，統計收信人共計十人，最主要的是居停、宋公、鈕公三人，共計五十封；而發信人則應均爲前述之「某甲」。

《採運皇木案牘》卷三、卷四信札收信人及收信數量表

收 信 人	數 量
居停	24
宋公	12
鈕公	14
黔陽縣才公	1
浮山程公	1
錦屏縣王公	2
沅陵縣周公	1
吳公	2
天柱縣王公	1
黎平府吳太尊	1

這些信函內容龐雜，所涉及的事件、人物及各類線索眾多，殊難一一分析。且《案牘》中僅有一方發信的留底，而對方覆信或來信則未存留，故而許多內容僅可據已有的文本揣度推斷，更添困難。

〔註137〕卷二之二十九〈移覆長沙府〉。
〔註138〕卷二之二十九〈移覆長沙府〉。

據此，以下主要從三個角度展開重述：首先，綜述採木之行程以勾提全文，提供一個大致的總體印象，以作爲此二卷之綱目；其次，分析信函內容中之事理，以最爲關鍵的「木」和「銀」二者入手，而對於其他瑣細情節則節略處理；最後，通過信函之往來，提示其中所展示的「人情」，並嘗試探究採辦人員相互之間的細微心思。

（一）採辦行程

卷三、卷四的主要內容是關於採辦「丁酉年（乾隆四十二年）例木」的具體過程。難得的是，這一過程的描述可以說首尾均較爲完整。信函中雖多有涉及時間的表述，但是均不甚明確。因爲無論是發信者還是收信人，均有特定情境語境，所以「月底」、「月初」一類的粗略描述即以足夠。但是對於現今讀者而言，這些表述無疑極爲模糊。以下則嘗試根據此類的隻言片語，勾勒出大致的採辦行程。

總體上，信札中所涉及的採辦過程係大約自乾隆四十一年九月至乾隆四十二年七、八月間。英安於乾隆四十一年九月底奉辦丁酉例木，〔註139〕採辦行程應自此始。

某甲啓程後，自沅陵至洪江舟次停留，隨後趕赴黔陽縣。〔註140〕（十月）十三日晚，〔註141〕抵達黔陽。本擬拜見黔陽知縣才彙征，但恰逢其外出，於是拜訪其內幕「童、馮二公」，並「停舟等候」，著「李瑞往托口報信」。十四日晚，劉榮帶同巡江數名到黔陽縣與某甲面見。十五日午後，知縣才彙征回署。二人見面飲宴後，〔註142〕某甲即解纜放舟而下。〔註143〕

十六日晚，某甲抵達托口，「寓在臨河小樓」。〔註144〕十八日，卓魁同簡尊管赴苗。〔註145〕二十一日，發篷赴德山。〔註146〕二十二日，差巡江張明送

〔註139〕參見卷三之十三〈致浮山程公〉。
〔註140〕參見卷三之一〈致居停（一）〉。
〔註141〕英安於乾隆四十一年九月底方才奉委辦理例木事宜。故而此處之「十三日」，至早也僅能爲「十月」。
〔註142〕「昨謁琴堂，深蒙垂愛，兼荷老先生款洽情殷，醉酒飽德，銘感難宣。」見卷三之四〈致黔陽縣才公〉。
〔註143〕以上在黔陽縣事，參見卷三之二〈致居停（二）〉。
〔註144〕參見卷三之三〈致宋公（一）〉。在有的信函中，表述爲「十七日抵托」。如參見卷三之四〈致黔陽縣才公〉。
〔註145〕參見卷三之二〈致居停（二）〉。
〔註146〕參見卷三之三〈致宋公（一）〉。

信居停。卓魁再由苗回托口。〔註147〕二十七日晚，某甲由陸路自托口啓程赴苗。鈕公抵達托口。卓魁定於（十一月）初一、二日回常德。〔註148〕初三日，某甲由水路抵苗，〔註149〕應即「貴州黎平府之卦治寨」。〔註150〕另央徽客帶信往卡烏。〔註151〕

十二月二十一日，鈕公自托口回辰州。〔註152〕十二月二十五日，喜祥至托口。〔註153〕

（乾隆四十二年元月）十二日晚，「簡尊管著役〔即喜祥〕送來鈞諭」。〔註154〕同日，劉榮帶同巡役赴茅坪。〔註155〕十三日，發信與宋公。〔註156〕十九日，某甲移至茅坪。〔註157〕二十日，鈕公啓程赴托口。〔註158〕居停及宋公約於元宵後赴靖州，〔註159〕居停後歸德山，〔註160〕宋公亦取道洪江返回常德。〔註161〕

（二月）初二日，鈕公攜眷至托口。〔註162〕十七日，接居停信數封。〔註163〕聞皇太后昇天憂詔頒到。〔註164〕二月二十二日，某甲與到訪之黎平府吳太

〔註147〕參見卷三之五〈致居停（三）〉。
〔註148〕參見卷三之五〈致居停（三）〉。
〔註149〕參見卷三之七〈致宋公（三）〉及卷三之八〈致鈕先生（一）〉。
〔註150〕參見卷三之十三〈致浮山程公〉。
〔註151〕參見卷三之十〈覆鈕公（二）〉。
〔註152〕參見卷三之十四〈致居停（六）〉。
〔註153〕參見卷三之十四〈致居停（六）〉。
〔註154〕參見卷三之十四〈致居停（六）〉及卷三之十七〈致居停（七）〉。又，前者中有「陽和律轉，萬景咸新」、「福隨春茂」等語，據之推斷當爲「元月」。
〔註155〕參見卷三之十四〈致居停（六）〉。
〔註156〕卷三之十八〈致宋公（五）〉有「並賀新禧」語，據之推斷爲「元月」。
〔註157〕參見卷三之十七〈致居停（七）〉。
〔註158〕參見卷三之二十三〈致鈕公（五）〉。又，「鈕公……二月初始得回托」，見卷三之十四〈致居停（六）〉。
〔註159〕參見卷三之二十三〈致鈕公（五）〉及卷三之二十五〈致居停（九）〉。又，「頃聞主人於元宵後赴，不識因何逗留，刻下曾否旋常」，見卷四之八〈致宋公（八）〉。
〔註160〕「附與居停在德山雜用」，參見卷三之二十六〈致鈕公（六）〉。
〔註161〕「知先生仍由洪江而回」，參見卷三之二十七〈致宋公（七）〉。
〔註162〕參見卷三之二十五〈致居停（九）〉。又，「頃接鈕公來札，知於明正欲攜眷至托」。二月初二距正月不遠，似乎可信，參見卷三之十一〈致居停（五）〉。
〔註163〕參見卷三之二十五〈致居停（九）〉。其云：「月之十七日，接元宵連發鈞諭」。則該月顯非元月，否則二日之間抵苗，似乎太速。三月方至，似乎太慢。故而應爲二月。
〔註164〕參見卷四之二〈致居停（十三）〉。案，孝聖憲皇后去世乃是乾隆四十二年正

尊「晤談半夜」。〔註165〕

　　（三月）初四日晚，陡發洪水，漂失段木十八根。初五早，「督同巡役沿河尋撈」，「撈獲十五根，用錢取回兩根」，另外一根被扣留在天柱。初七日，「備文移明天柱縣追究」。〔註166〕簡尊管回常德，之前喜祥及郭、劉二役均先後回常德，托口僅留鈕公。〔註167〕譚升告假回省。〔註168〕

　　（四月）某甲赴王寨號買桅木一根。〔註169〕居停因公赴省。〔註170〕

　　（五月）十七日，買段木七根。十八日早，漂失六根，後在天柱地方撈獲。〔註171〕

　　需要說明的是，以上括號中的月份，僅爲大概，均遠非確實。原因除了前述的描述粗略外，還在於信函順序的排列並非完全嚴格依據時間順序。以上概括僅能在假定信函順序基本依據時序的情況下，益以時間詞語加以分析羅列。

　　總體來說，某甲行程經過沅陵、洪江、黔陽、托口，直到苗地，先在卦治，再赴茅坪，中間還曾赴王寨買木，行跡遍及「三江」。鈕公則主要在於托口，其中於年前年後離開，後再攜眷回任。居停主要在常德，但其中同宋公均曾赴靖州買木，居停後來還因公赴省。在某甲之前，簡尊管係在苗地。除此之外，尚有其他人員往來各地辦理事務並傳遞信件。

　　某甲最後何時返程回常德並未言明，但是從時序和一些用語上可見端倪。在某甲的計劃中，先言「大約五月內可以辦齊」，〔註172〕再說「今則諸事應手，大約六月初即可辦竣回常」，〔註173〕但是其後又言如「弟擬於六月底親赴上游，設法購買」。〔註174〕可見辦木情況並不如預想中順利，故而行程在不斷變動。當然，某甲最後是否眞的「親赴上游」不得而知，但是起碼

　　　月二十三日，及頒至湖南，再傳聞至貴州，至於二月似乎尚合理。
〔註165〕參見卷四之三〈致居停（十三）〉。又，卷四之十九〈致黎平府吳太尊〉言「仲春旌節經臨」，當指二月。
〔註166〕參見卷四之五〈致居停（十四）〉及卷四之六〈致鈕公（十）〉。
〔註167〕參見卷四之七〈致居停（十五）〉。
〔註168〕參見卷四之九〈致居停（十六）〉。
〔註169〕參見卷四之二十〈致居停（二十）〉。
〔註170〕參見卷四之二十二〈致居停（廿一）〉。
〔註171〕參見卷四之二十三〈致居停（廿二）〉。
〔註172〕卷四之八〈致宋公（八）〉。
〔註173〕見卷四之九〈致居停（十六）〉。
〔註174〕見卷四之二十三〈致居停（廿二）〉。

說明其規劃的行程已經至於六月底。隨後又有如「邇值暑氣炎蒸」〔註 175〕一類的用語，可見其時已至盛夏，在苗地留至六月當無疑義。

某甲在最後幾篇信函中，兩次提及計劃於「月底月初」返回常德。〔註 176〕如果認爲其至少於六月夏日尙在苗地的話，那麼此表述則至早應指「六月底七月初」。若再往後延的話，則當指「七月底八月初」。據記載，「丁酉年例木」係乾隆四十二年九月二十日開行，〔註 177〕即使八月初在三江辦妥返回常德，尙有近兩個月的時間準備開行，似乎並非不可能。另外的線索是，某甲在致宋公札中言及「並於主家札中，欣悉令郎先生榮膺選拔，不勝雀喜。然老先生樹德深厚，而令郎先生又宿學淵源，得見秋闈鶚薦，萬里鵬程，正堪預慶」。〔註 178〕所謂「榮膺選拔」，似乎是指獲得秋闈資格而言，故而隨後祝賀道「得見秋闈鶚薦，萬里鵬程」。清代科舉考試在鄉試（秋闈）之前，尙有「科試」，「在一等二等及三等大省前十名、中小省前五名之廩、增、附生，准送鄉試外，其餘三等及因故未考者，並在籍之監生、廩生、官生、貢生名不列於雪宮，不考科試者，皆須於鄉試年七月下旬，由學政考試錄科，方能送考」。〔註 179〕並且，乾隆四十二年丁酉年正屬於「鄉試年」。據此，若此處所指爲「七月下旬」之事，則「月底月初」當爲「七月底八月初」。當然，某甲最後得以按其計劃「回常」，抑或再有變更，則不得而知。總之書信至此，全書已經完結。

無論具體結束時間爲何，採辦例木的持續時長均堪堪一年，地域範圍涵蓋湘、黔，涉及官民人物眾多，採辦行程的大致樣態已得以描摹出來。

（二）事 理

採辦的例木的過程中涉及事件眾多，紛繁複雜，且並非均有完整記載。但是撮其最要，在於採買木植，再加分析，無非是「木」與「銀」二字：一曰尋木，一曰籌錢。有銀卻無木得買，自然無用；有木而無銀可用，也是枉

〔註 175〕見卷四之二十五〈致宋公（十一）〉。

〔註 176〕參見卷四之二十六〈致居停（廿四）〉及卷四之二十八〈致宋公（十二）〉。

〔註 177〕參見〈題報辦解桅杉架槁木植用過價腳銀〉，藏臺灣歷史語言研究所（內閣大庫檔案 043429-001，乾隆四十二年十月二十四日）；另參見張偉仁主編：《明清檔案》，臺北：聯經出版事業公司 1986 年版，A232-011。

〔註 178〕卷四之二十八〈致宋公（十二）〉。

〔註 179〕參見商衍鎏：《清代科舉考試述錄》，北京：生活・讀書・新知三聯書店 1983 年版，第 20 頁。

然。例木採辦的所有辦事之理，均寓於此二字之中。因此，以下即從此二方面分述之。

1. 採買木植

採買木植的事宜，大致可以分爲「採訪」與「議買」兩個方面。先是需要打探木植消息，訪得之後才開始議價號買。

（1）採　訪

採辦人員奔赴托口及「三江」苗地，主要是爲了採辦桅木及段木。段木尺寸較小，尚好辦理，僅是量上需求較大。〔註 180〕但是桅木尺寸難得，幾乎屬於可遇不可求，所謂「桅木實係一家貨」〔註 181〕的感慨，即由此而來。但無論何種木植，均需四處打探消息，這也是「採辦」一詞的應有之義。而之所以需要信函往來，也無非爲了消息互通，得以有所配合。

在某甲尚未到達苗地之前，即瞭解到採辦的基本情況：「據李端云，托口並未號有桅、段，苗江亦只有段無桅。其段木亦隨到隨賣，向來木到客手，則難以轉買。」〔註 182〕

桅木的難度在於尋其所在，除了某甲外，各處採辦人員均在打聽，且訪問範圍甚廣。如「細訪主人所聞之大木，非在凱里，係在卡烏縣地方，此去有十七、八天旱路」，〔註 183〕即說明居停將訪得消息告知某甲，某甲再加詳查落實，地域至於凱里、卡烏。最後的處理辦法十分有趣，某甲認爲「中途極險，非通曉苗話之老客，莫敢至彼，我們那得其人。若使差役前往，斷難成事，故而中止」。〔註 184〕但是，採買並非完全放棄，而是「另央徽客帶信前去，許以大價，誑其放下，使到附近所在，再爲設法購買耳」。〔註 185〕需要注意的是，這一處理或是眞實情況，又或許只是敷衍之語。

另外一則消息則在都勻：「頃聞都勻府地方有一苗寨，大木甚多，向係公禁未砍。茲聞彼此構訟，官斷開山，現在伐有許多大木在坡，只等發水放

〔註 180〕參見卷二之一〈稟藩憲〉：「至杉木一項，其圍長尺寸較桅略小，雖採辦尚易，但額數過多，欲求其合式者，亦只可千中選一。」

〔註 181〕卷三之二十五〈致居停（九）〉。

〔註 182〕卷三之一〈致居停（一）〉。又，卷三之五〈致居停（三）〉：「詢知該處並無桅木，止號有段木三十餘根。」

〔註 183〕卷三之十〈覆鈕公（二）〉。

〔註 184〕卷三之十〈覆鈕公（二）〉。

〔註 185〕卷三之十〈覆鈕公（二）〉。

下。」〔註186〕某甲對此消息似乎感覺極爲振奮，「據此看來，則明年之桅、段猶易採辦，此誠吾哥之福，可爲預賀也」。〔註187〕但是隨後的信札卻表明，此事似乎並不順利。因爲「都勻開山之信雖確，而此去有險路十餘站，非通曉苗話、熟悉苗情者，不能前去。我們巡役均係生手，即去亦屬無益。據弟愚見，且俟發水後，看他來與不來，再作計較耳」。〔註188〕某甲認爲，都勻買木「路險人蠻」，並且盤費甚多，還舉例「十年前之委員」曾經親赴後「大上其檔〔當〕」。〔註189〕故而除了在當地「守株待兔」外，仍如前法，「密託此間龍庠生帶信上去，許以大價，誑其放來」。〔註190〕這些木材估計「大約三、四月始能出來」，〔註191〕後來再言「聞得都勻、凱里等處桅木均已出山，約有二、三十根，總在五月內可到」。〔註192〕可見其所探知的消息總在隨時變易。至於探求貨源的範圍，除凱里、卡烏、都勻外，尚包括靖州、慈利、〔註193〕桑植〔註194〕等處，遍及湘黔兩地。

對於段木而言，關鍵卻在於買木的時間。因爲其特點是「隨到隨賣」，某甲的策略也是「見有即買」。〔註195〕且號木之後，「苗家急須議價」。〔註196〕如果有所延宕，落入他手，則只能望洋興歎。關於買木的具體時間，某甲多有打聽。如「聞向來木料之多，總在二、三月間」，〔註197〕又如「緣此處向來買至七月爲止，故不得不大小兼買，庶可多置貨物；若必擇合式者，恐不能多得」。〔註198〕據此，大致的採買區間在二月至七月，也需要據此提前籌措好買木的銀錢。

除此之外，到木的時間還和天氣水文密切相關。如「連日雨雪交加，竟無大木到崗」。〔註199〕木植運輸常與河水大小有關，再如「現屆歲暮，而河水

〔註186〕卷三之十一〈致居停（五）〉。
〔註187〕卷三之十一〈致居停（五）〉。
〔註188〕卷三之二十二〈致居停（八）〉。
〔註189〕參見卷三之二十五〈致居停（九）〉。
〔註190〕卷三之二十五〈致居停（九）〉。
〔註191〕卷三之二十三〈致鈕公（五）〉。
〔註192〕卷四之十七〈致居停（十九）〉。
〔註193〕參見卷三之二十五〈致居停（九）〉。
〔註194〕卷三之二十五〈致居停（九）〉。
〔註195〕卷三之九〈致居停（四）〉。
〔註196〕卷三之五〈致居停（三）〉。
〔註197〕卷三之一〈致居停（一）〉。
〔註198〕卷三之九〈致居停（四）〉。
〔註199〕卷三之十〈覆鈕公（二）〉。

甚小，竟無大木到崗」。〔註200〕類似於「春水未發，大木尚少」〔註201〕一類的話語在信函中往往而是。木植依賴水運，有賴於密切關注特定時節的溪河水量，所謂「全望端陽，並磨刀水發，始可趕辦耳」。〔註202〕

（2）議　買

某甲在苗地的主要任務就是議價號買，因為「彼處向不斧木，……乙惟與苗子當面議價，當面交銀」，〔註203〕所以自己也語多無奈，只得「日與苗人論長短、較錙銖」。〔註204〕

在大多數信函中，某甲都會言及採辦的進展，如在信件最後說「現已號有桅木兩根，段木卅餘根，俟買就另聞」等等。〔註205〕號定木植之後，再從中選買，如「前號段木，說至再三，始買就十根，用毛價卅三兩」。〔註206〕

具體的議價規程，除了買賣雙方外，最為重要的是主家的參與。採辦議價之中，還有不少「竅門」。如「量木在五尺以上」，目的是「欲苗子知尺寸短小，好講價錢」。〔註207〕而在具體選木的時候，根據「木料長整」，還有所謂「老客所傳之秘法」。〔註208〕再如前所提及的「多號少買」的原則，等等。〔註209〕另外，木價的消息也需要探聽甚至保密，如南京時價，即需要「不時訪詢」；〔註210〕而靖州買價，則囑咐「切勿實告」。〔註211〕

對於某些採買議價的做法，某甲並不認同，比如客商「情願送木而不與價」。某甲自己舉例，某次在托口號木，只買兩根，但是客商情願送出一根，也不願意出賣兩根。巡役慫恿其接受，但是某甲堅持出價買兩根。後來某甲聽說，有人因為收受一根段木，隨後被主家到官府控告，「反去重價，且覺沒趣」。〔註212〕可見在議價中並不可貪圖便宜，而需有所衡量。

〔註200〕卷三之十一〈致居停（五）〉。
〔註201〕卷四之三〈致居停（十三）〉。
〔註202〕卷四之二十〈致居停（二十）〉。
〔註203〕卷三之六〈致宋公（二）〉。
〔註204〕卷三之十六〈致吳公（一）〉。
〔註205〕卷三之七〈致宋公（三）〉。
〔註206〕卷三之九致居停（四）〉。
〔註207〕卷三之十〈覆鈕公（二）〉。
〔註208〕卷三之十四〈致居停（六）〉。
〔註209〕參見卷三之十五〈致宋公（四）〉。
〔註210〕參見卷三之二十五〈致居停（九）〉。
〔註211〕參見卷三之三十〈致鈕公（七）〉。
〔註212〕參見卷三之十五〈致宋公（四）〉。

2. 籌措價銀

在籌措價銀方面，主要問題是如何籌得足夠的銀錢並且如何在各個地方合理分配。在分配銀錢時，其中尚有關於不同銀色之使用兌換的問題。關於卷三、卷四中涉及白銀流通及銀色問題的信函已有整理，〔註213〕故而此處主要關注的是銀錢的籌措。具體來說，卷三、卷四的信函中隱略描述了一樁關於「沅陵之項」的借款，值得重點整理檢視。

卷三開篇即言「沅陵一函，諒已登覽」，〔註214〕說明某甲自沅陵來此，並曾發函稟報。其內容是否關於「沅陵之項」不得而知。但是在同一札中，某甲於最後言及：〔註215〕

> 周公處初以奏銷爲慮，覺有難色，迨○再三熟籌，即承慨允。現此公頗有肝膽，必能踐信。然其空缺太多，挪移非易，當於仲春望前，即尚人向取。並立一券去，可不必言利。若銀一到手，務即遣人前來接濟。聞向來木料之多，總在二、三月間，勿致臨期掣肘爲要。

這一段文字，雖然並未明言，但是情形基本清楚。文中周公爲沅陵縣知縣周夢龍，某甲應係向其借款。問題在於，每年按期奏銷時需要清查賬冊，周公故而有所疑慮。若以此觀之，此筆款項應屬於公款，否則何須考慮「奏銷」問題。另外，雖然文中說「立一券去，可不必言利」，或許恰可說明其中必有所圖，只是不寫在券中而已。不過，在考慮再三之後，周公仍然應允下來。某甲即告知居停在仲春望前著人去取，以便接濟使用。

翌年，某甲專門致信周公，再次說及此事。在幾番客套之後，談到「茲春水將發，木植漸多，急須備價以待。前蒙金諾之項，務懇設湊，以便敝東親詣面領，是所禱切」。〔註216〕隨後，事情似乎有所變化，在致居停的信件中，某甲提到「聞滇省又有動兵之信，如果確實，則沅陵係兵行之地，必多賠累。其所允之項，務早爲向取，到手才安」。〔註217〕但在發給鈕公的信札中，某甲還是表示了謹慎的樂觀，「沅陵之項，誠如尊論，到手才可算得。

〔註213〕參見相原佳之：〈清代貴州省東南部的林業經營與白銀流通〉，載張新民主編：《探索清水江文明的蹤跡——清水江文書與中國地方社會國際學術研討會論文集》，成都：巴蜀書社 2014 年版，第 552~553 頁。
〔註214〕卷三之一〈致居停（一）〉。
〔註215〕卷三之一〈致居停（一）〉。
〔註216〕卷三之二十一〈致沅陵縣周公〉。
〔註217〕卷四之一〈致居停（十二）〉。

昨已札致居停，趕早向取。然觀濂溪公頗有肝膽，即使差繁，亦不致令全行脫空也」。〔註218〕其僅表示多少應該可以借得一些，不至於全行落空。

此「沅陵之項」雖然所借取的當爲公款，但在例木採辦中似乎並非異事。據〈奏爲署常德同知衛鳳山辦運例木漂失請議處事〉，自司庫之中也曾「借給銀兩，補購護木」。〔註219〕最終，據後續記載，這筆款項似乎並未借得，導致採辦困難：「但知沅陵之項，半成畫餅，諸事又未免掣肘耳。」〔註220〕

（三）人　情

1. 採辦人事

在整個皇木採運的經辦過程中，其實形成了一個「採辦團隊」。這一團隊分爲三個層級：最上自然是「委員」（「居停」、「主人」、「吾哥」），負責總攬全局；其中間層級則是分派各地的「丁役」，在卷三、卷四中主要有某甲（三江）、鈕公（托口）、宋公（靖州）三人，基本上獨當一面地負責各分派地方的具體採辦，並對委員負責；〔註221〕最爲基層的，是「巡役」、「書役」的群體，各項事務均由其具體操作。委員居中協調，間或親自出行；丁役間互通消息，彼此配合；而站在丁役的角度，巡役則須嚴加揀選約束，避免弊端。

在這三層縱向的內部關係以外，尚有外部關係存在。丁役與當地的地方官吏也有公務上的往來，雖然並沒有也無法發送公文，但是常以私人信件的形式請求協調諸方，往往需要多費心思。

如此，則採辦過程中形成了一個雖然小巧，但是內在完整乃至複雜的關係體系。縱橫之間多有交錯，上下往來時也須折衝調適。以下即從幾層不同的相互關係，分析內、外部的人事網絡。

（1）居停與丁役

某甲與居停間的關係匪淺，按某甲自述，其自「乙未多就署慈利英公之聘」，〔註222〕二人「交好三年，彼此推心，知無不言，言無不盡」。〔註223〕

〔註218〕卷四之二〈致鈕公（八）〉。

〔註219〕參見〈奏爲署常德同知衛鳳山辦運例木漂失請議處事〉，藏中國第一歷史檔案館（檔號：03-3645-033）。

〔註220〕卷四之二十〈致居停（二十）〉。

〔註221〕另外，類似角色的似乎還有「簡尊管」等人，但是在《案牘》的信函中並非主要人物。

〔註222〕卷三之十三〈致浮山程公〉。

〔註223〕卷四之二〈致鈕公（八）〉。

某甲在信札中常有表忠心之語，如「乙承主人愛同骨月〔肉〕，自當竭誠圖報，任勞任怨，素所不避。今既受此受託，更當秉公辦事，何敢與貓鼠同眠，私侵主人之利，而貽大雅之之譏？惟祈放心」。〔註224〕

從居停的角度，以某甲信中觀之，居停及其夫人均亦知道善待丁役。如某甲提到，「蒙大嫂夫人垂念微軀弱質不勝摧折，賜寄絨棉禦寒，真不啻綈袍之贈」。〔註225〕又如，居停「以鈕公不勝勞瘁，欲便調換」，希望讓鈕公轉至苗地而某甲回到托口。〔註226〕再如，某甲妻子抱病，居停遣專人前往探視，並「厚贈銀物」，等等。〔註227〕

（2）丁役之間：某甲與鈕公、宋公

某甲、鈕公與宋公三人是採辦「前線」的主力，此三人之間的關係也極為有趣。由於資料均以某甲為紐帶，所以鈕公與宋公之間的關係難以探查，以下主要關注某甲與其他二人的分別關係。

a. 某甲與鈕公

某甲信函中最早提及鈕公，係在抵托赴苗之時：「○抵托後，即當赴苗一走，若俟鈕公到來，恐又須時日耳。」〔註228〕隨後某甲赴苗，鈕公抵托，二者並未見面。某甲在信函中稱其為「鈕先生」，並稱讚其「精明鍊達，且係老手，自必勝於後生小子」。〔註229〕

在初初接觸時，某甲語氣極為客氣，自認「乙，粗鄙人也。幸得高賢共事，諸望真切教之」。〔註230〕並且，鈕公攜眷至托口，某甲即代為安排伙食等物；鈕公受到來自巡役及簡尊管的攻訐時，某甲還為之緩頰，並表示「雖與鈕公初會，然其為人之爽直，已可概見」。〔註231〕除此之外，還搬出「許參軍」、「劉司馬」、「周明府」等人物，表示他們都對鈕公「交相讚譽」，以證明其人「真誠古道」、「爽直正派」。〔註232〕除了去信居停為之辯解，某甲還致札鈕公寬慰道：「我輩代人行事，原難討好，故乙向在各處，惟有認定

〔註224〕參見卷三之六〈致宋公（二）〉。句中疑有衍字。
〔註225〕卷三之十四〈致居停（六）〉。
〔註226〕參見卷三之十七〈致居停（七）〉。
〔註227〕卷三之十七〈致居停（七）〉。
〔註228〕卷三之一〈致居停（一）〉。值得注意的是，原抄本「鈕公」二字前尚有挪抬。
〔註229〕卷三之五〈致居停（三）〉。
〔註230〕卷三之十〈覆鈕公（二）〉。
〔註231〕參見卷三之十一〈致居停（五）〉。
〔註232〕以上均參見卷三之十一〈致居停（五）〉。

正路行去，問心無愧而已。前與先生相聚，晨夕深見眞誠古道，豈是貓鼠同眠之輩？」〔註233〕

　　隨後，鈕公似乎被責，某甲言及之語氣還算平實和緩，僅言鈕公「有瑕疵可議」，並且「諒不致復蹈前轍」。即在此時仍照顧鈕公面子，希望稍後再行調換其職守，「而於鈕公面上覺得好看」。〔註234〕

　　二人嫌隙的產生或許始於一次意見分歧。鈕公的具體建議無法查知，但是某甲在致居停的信函中分條闡述了自己的不同意見。〔註235〕在同時發給鈕公的信件中，也婉轉說明了自己的不同看法。〔註236〕在向居停進言的時候，某甲甚至表明「蓋近觀鈕公爲己之謀多，爲公之謀少。前張晉翁云，此公一入局內，便一味爲己，不可不慮。即如此論，已露意言表，務祈吾哥審之」。〔註237〕鈕公顯然知悉了某甲的言論，某甲仕隨後致鈕公的信中還解釋道：「諒慧心人自能默喻其詳，萬勿另起疑慮也。」〔註238〕

　　在後續的往來信札中，某甲基本只談公事，連書信套語都極爲簡略。直至後來，二人關於托口上下游木排的驗放配合，及關於巡役舞弊的問題出現齟齬。〔註239〕由於鈕公人在托口，某甲報告托口的巡役舞弊，鈕公自然反應激烈。〔註240〕另外一個爆發點在於，鈕公通過建言居停，要求「買過桅、段，將原有若干、買過若干，註明照票，以便托口稽查，免致浮混」。〔註241〕但是某甲認爲這純屬無理要求，因爲此間木排「停泊兩岸，約有十餘里之長」，「其小木最少亦有數千，且係隨處灣泊，就地放行」，而要求「逐根查點」無異於天方夜譚。某甲表示這明顯是鈕公「故以難事而刁蹬我也」，並且還說了一些氣話：「不但弟所不能，正恐三頭六臂者，亦有所不能也。」〔註242〕

　　二者矛盾激化之時，居停無疑發揮了作用。於是某甲向鈕公多次去信致

〔註233〕卷三之十二〈覆鈕公（三）〉。
〔註234〕卷三之十四〈致居停（六）〉。
〔註235〕參見卷三之二十五〈致居停（九）〉。
〔註236〕參見卷三之二十六〈致鈕公（六）〉。
〔註237〕卷三之二十五〈致居停（九）〉。
〔註238〕卷四之二〈致鈕公（八）〉。
〔註239〕參見卷四之四〈致鈕公（九）〉；卷四之五〈致居停（十四）〉；卷四之六〈致鈕公（十）〉；卷四之十二〈致鈕公（十一）〉；卷四之十三〈致居停（十七）〉。
〔註240〕參見卷四之十四〈致鈕公（十二）〉。
〔註241〕卷四之十三〈致居停（十七）〉。
〔註242〕參見卷四之十三〈致居停（十七）〉。

歉，表示「追悔靡既」。〔註243〕同時向居停去信說明，「鈕公處弟已有札請罪，此後斷不敢再以粗直，復招怨尤也」。〔註244〕某甲最後向居停表示，「弟與鈕公已相好如初，一切公事仍以札商辦，並不以私見而悞公事也」。〔註245〕此屆採木中二人關係即以此作結。

　　b. 某甲與宋公

　　相對而言，某甲與宋公的關係更爲款洽。某甲對宋公的稱呼爲「老先生」，信函之中亦常有一些較爲私人的話語。如某甲剛剛抵達托口時，即致信宋公言「乙於十六晚抵圮，寓在臨河小樓，正當北風頭上，且係四通八達，奇冷非常，然猶可以酒力火威而禦之」。〔註246〕此類言語，於公事本無意義，卻略屬私人情誼。

　　相較於鈕公，某甲與宋公還有諸多家事上的交流。如關於宋公的「榮兒未獲，難怪覯景傷情。然當以公事爲重，萬勿生無益之愁。即如榮兒媽媽之媽媽，今不知生死存亡，亦只可付之一歎而已」。〔註247〕又如，某甲向宋公傾訴自己妻子之病，「現在每食必嘔，肌膚漸瘦，恐非我之長久夫妻也」。〔註248〕

　　某甲有時甚至還在信中打趣宋公：「更知嬝娜佳人，必日繞於青山綠水之旁；而風流學士，公餘之下，憑欄跳〔眺〕望，自必品題殆盡矣。」〔註249〕即使是關心宋公之手「偶患瘋氣」的病痛，「甚爲繫念」以外，也不忘揶揄「然目下可人已到，想握手之下，自必早醫了九分快矣。呵呵」。〔註250〕二人交誼之好，甚至有此類詞句如：「豈老先生公而忘私乎？抑迷於梅花而忘情朋友乎？殊令人猜疑之至。」〔註251〕

　　在公事上，宋公也常提點一二。如提醒某甲注意有「山客冒充徽、臨，希圖少斧之弊」等等舞弊之處。〔註252〕

〔註243〕參見卷四之十四〈致鈕公（十二）〉及卷四之十六〈致鈕公（十三）〉。
〔註244〕參見卷四之十五〈致居停（十八）〉。
〔註245〕卷四之二十四〈致居停（廿三）〉。
〔註246〕卷三之三〈致宋公（一）〉。
〔註247〕卷三之六〈致宋公（二）〉。
〔註248〕卷三之十八〈致宋公（五）〉。
〔註249〕卷三之十五〈致宋公（四）〉。
〔註250〕卷三之二十九〈致宋公（七）〉。
〔註251〕卷四之八〈致宋公（八）〉。
〔註252〕參見卷三之六〈致宋公（二）〉。

另外，從兩個細節上可觀察二人之關係。其一是，宋公赴靖州買桅木，回程時某甲料想會經過托口，所以表示「如可偷空，祈來苗一走，以敘離思」。〔註253〕但是最後知道宋公「仍由洪江而回」，故而「不勝悵悵」。〔註254〕其二是，甚至關於與鈕公的矛盾，某甲也在與宋公的信札中吐露心事，表示「弟亦惟有忍氣吞聲而已」。〔註255〕可見二人關係之不一般。

（3）丁役與巡役

巡役本應在丁役下經辦事務，但是人事權力仍在居停。不過丁役也可以向居停建議人事，如「劉榮現在辦事均甚小心，應請留用」。〔註256〕巡役的種種舞弊行爲亦由丁役而有所揭示，如「故意將圍尺改短」，〔註257〕又如巡役索賄，「故意拖延，迨其送錢八百文，並送書辦煙袋一根，始行釋放」，〔註258〕等等。但是丁役居於居停和巡役之間，有時頗有爲難之處。對巡役的種種行爲，常需要內外迴護。

其中最爲典型的是「羅文松偷關具控事」。貴州天柱縣客民羅文松「偷關被獲」，〔註259〕隨後赴縣府，控告巡役及蔣漢文收受銀錢，保證木排過關。〔註260〕某甲本來以爲是簡單的「偷關」案件，責怪巡役拿獲牌夫後應即刻送縣，「豈可將牌夫鎖至關中六日之久，始行送縣？幸而無事，尚可辦理，設或激成事端，則將何以措詞也」。〔註261〕但是，隨後某甲至黔陽縣拜訪幕府，查閱到羅文松所上的呈詞，才發現是關於巡役「受賄包送」。〔註262〕

案件無疑很簡單，但是自某甲察覺事情係關乎「自己人」開始，案件的走向開始變得有趣起來。某甲隨後開始自行調查，詢問巡役等，發現他們閃爍其詞，其中「大有疑竇」，雖然「明知若輩各懷鬼胎」，但是卻「又不得不迴護伊等」。〔註263〕抵達托口後，某甲「密令書役於鄰近鋪家細加體訪，僉

〔註253〕卷三之二十七〈致宋公（六）〉。

〔註254〕卷三之二十九〈致宋公（七）〉。

〔註255〕卷四之二十一〈致宋公（十）〉。

〔註256〕卷三之十四〈致居停（六）〉。

〔註257〕參見卷四之五〈致居停（十四）〉。不過後來據稱經過查明，「並無改尺之弊」，參見卷四之十二〈致鈕公（十一）〉。

〔註258〕參見卷四之六〈致鈕公（十）〉。

〔註259〕參見卷三之一〈致居停（一）〉。

〔註260〕參見卷三之四〈致黔陽縣才公〉。

〔註261〕卷三之一〈致居停（一）〉。

〔註262〕參見卷三之二〈致居停（二）〉。

〔註263〕卷三之二〈致居停（二）〉。

云，鎖押勒索，事屬情眞」。雖然如此，但是某甲還是找到可以稍微脫責的地方，「幸贓未到手，尚可掩飾」。所以，某甲「復又作札，諄託才公嚴究妄控，以全若輩之面目耳。」〔註264〕

兩封可堪對比的信函是這個案件最可玩味的地方。在向居停報告的信中，某甲明言「卓魁等串同巡江張明舞弊之處，不可勝數」。具體而言，「十五日，卓魁即私向主家蔣天標折價廿八根，將簰放過，得銀七兩五錢。因巡江李陽查知，即將五錢給與李陽，以塞其口」。所以卓魁「斷斷不可任用」，建議「聽其告假回去可也」。〔註265〕但是，在寄給知縣的信函中，卻又條分縷析，辯論並無巡役受賄情事。比如，「若謂巡役通關受賄，則又何敢稟明關上，親行往拿，自露破綻之理」？〔註266〕最後的結論自然是「其爲羅文松挾嫌誣控，似無疑義」。〔註267〕不僅要坐實客民羅文松誣告，還表示羅文松「刁惡異常」，要反問其「實係何人包送，何人受賄」，查實之後，「以儆刁風」。除此之外，還懇請在結案之後將羅文松押送至托口，「以便照例斧買桅、段木植」。〔註268〕一至於此，仍不忘採辦任務。

就此事，某甲不僅專程同知縣面見飲宴，還專門致札，多所諄囑，總算收到滿意效果。案件的結果在信函中可窺一二，大約羅文松不僅被知縣「責處」，在托口也得買其木。〔註269〕某甲還恭維鈕公言「羅姓之事，辦理甚當」，「欽佩欽佩」！〔註270〕

（4）丁役與地方官吏

丁役與地方官吏之間的交流，從收信人中已識大概，主要是黔陽縣知縣才公（才彙征）、黔陽縣典史聶公（聶恭）、〔註271〕沅陵縣知縣周公（周夢龍）、錦屏縣典史王公（王正學）、天柱縣知縣王公（王憙齡）及黎平府知府吳太尊（吳光廷）。

從以上可見，丁役交遊對象基本爲府縣的主官及負責緝捕稽查的典史。

〔註264〕參見卷三之二〈致居停（二）〉。
〔註265〕參見卷三之二〈致居停（二）〉。
〔註266〕卷三之四〈致黔陽縣才公〉。
〔註267〕卷三之四〈致黔陽縣才公〉。
〔註268〕卷三之四〈致黔陽縣才公〉。
〔註269〕參見卷三之五〈致居停（三）〉。
〔註270〕卷三之十〈覆鈕公（二）〉。
〔註271〕參見卷三之五〈致居停（三）〉。

交遊之目的，概而言之，無非是「使其諸事照應也」。〔註272〕舉例如黔陽縣知縣才公主要是為羅文松偷關具控一事；黔陽縣典史聶公則是望其在才公不在時，多加照應；而沅陵縣知縣周公，則如前所述，主要是為借款，等等。

　　某甲在初到茅坪的時候，即致函錦屏縣典史王公，並「外具土物六種，聊以伴函」，所望是「將來一切，統望垂照」。〔註273〕此處與前所謂「錦屏縣尉須送禮」，〔註274〕似乎有所呼應。不想後來某甲果然再次致函王公，原因是寓所被竊，希望其能「嚴示該保長，實力稽查，勿使窩藏貽害。或稟貴府尊飭差逐拿，以免後患」。〔註275〕對於初始某甲所送的「土物」而言，尚可謂「功不唐捐」。

　　而至於黎平府知府吳太尊，二人頗有私交：「黎平府吳太尊因公到此，弟與晤談半夜。緣渠與家兄同寅相好，叙及興誼，深承垂愛。」當然，藉此亦不忘辦木，寄望以其權勢威壓主家，所以「承其於次早傳集士民，嚴加吩咐。現在各主家益知畏懼，諸事順手」。〔註276〕當然，除了威壓之外，尚有安撫。如對於「頗能辦事」的主家，某甲即託吳太尊「獎勵一番」，使其「甚得臉面」。如此，則方便購買木植。〔註277〕

　　在卷三、卷四中，所發生的不少事件，其實與卷二中所述的「辦木案件」類似，如出一轍。例如把持行市；〔註278〕在地民人酒後嚷罵阻撓；〔註279〕突發洪水致木植被漂，〔註280〕等等。這些情事都需要地方官吏配合處置。如某甲去信天柱縣知縣王公，即是關於懲治搶撈木植之人。〔註281〕

2. 應酬往來

（1）私人應酬

　　卷三、卷四的信函中，絕大多數的內容都與公事相關，但個別文書純係

〔註272〕卷三之五〈致居停（三）〉。
〔註273〕卷三之二十〈致錦屏縣王捕公〉。
〔註274〕卷一之十九〈托口〉。
〔註275〕卷三之二十四〈致錦屏縣王公〉。
〔註276〕參見卷四之三〈致居停（十三）〉及卷四之十九〈致黎平府吳太尊〉。
〔註277〕參見卷四之二十四〈致居停（廿三）〉。
〔註278〕參見卷四之十九〈致黎平府吳太尊〉。
〔註279〕參見卷三之十七〈致居停（七）〉；卷四之二十四〈致居停（廿三）〉。
〔註280〕參見卷四之五〈致居停（十四）〉；卷四之十二〈致鈕公（十一）〉；卷四之十三〈致居停（十七）〉；卷四之二十三〈致居停（廿二）〉。
〔註281〕參見卷四之十八〈致天柱縣王公〉。

私人應酬，展示了某甲的私人交遊網絡。如某甲致信「浮山程公」，〔註 282〕再如致吳公的兩封書信，均全非公事相關。〔註 283〕

（2）「私項」

辦理採買時，公事以外的「私項」也是重要內容。例如在購買段木的時候，發現「內一根有鳥眼一個，然木料甚好，而價稍賤，故買之，可作賣貨」，〔註 284〕顯然並未將其歸入「正項」。

辦理「私項」幾乎人人有份。某甲在與宋公的討論中，也明確表明二人合作牟利的辦法：「據弟之見，尊處斧木時，祈即留心，將圍圓略大而長標者另放一處，以便揪簰時總歸一簰，另加斧記，以作尊駕私物出稅，豈不勝爲公貨耶？」〔註 285〕鈕公也託某甲幫辦貨物。〔註 286〕即使府署的其他人，亦曾請某甲「代購」枋料。〔註 287〕

除了丁役，居停自然也有從中牟利。鈕公曾建議同居停一起「夥買經營」桑植之木植，但某甲的觀點是需要考慮利率：「蓋以吾哥現出，按月三分利銀，借作經營，更當細細計之。除去利銀，賺得幾分才好。否則，又何苦代人碌碌也？」〔註 288〕

除了居停，某甲也是借錢經營：「至弟蒙吾哥待如骨月〔肉〕，原不應另作經營，然前在省時，已借得利銀百餘，必得搭買些須，以便日後歸還。弟擬俟公竣，或買護木，或買小木，斷不敢假公濟私耳。」〔註 289〕總而言之，採辦人員無論上下裏外，似乎均有在此中尋得自己的利益。

（3）個人情感

在這些信札中，最使其顯得真實可愛的，當屬寫信人在公事之餘的情感流露。

如某甲在與宋公及鈕公的書信中，兩番言及其赴苗路途中及初到之感

〔註 282〕卷三之十三〈致浮山程公〉。
〔註 283〕參見卷三之十六〈致吳公（一）〉及卷四之十一〈覆吳公（二）〉。
〔註 284〕卷三之九〈致居停（四）〉。
〔註 285〕卷三之十八〈致宋公（五）〉。
〔註 286〕卷三之二十三〈致鈕公（五）〉：「看來尊駕之貨，只好俟五、六月間，木價稍平再買。若以此時之價，恐買赴南京，亦無甚利耳」。
〔註 287〕卷三之二十八〈致居停（十）〉：「府署張、姚二公如要，便中祈詢明，帶艮上來代辦可耳。」
〔註 288〕卷三之二十五〈致居停（九）〉。
〔註 289〕卷四之二十三〈致居停（廿二）〉。

受：〔註290〕

弟於初三日，由水路抵苗。沿途灘河險惡，受盡無數驚慌，而
到此竟爲別有一天。且所見盡是蓬頭赤足，所聞無非牛糞豬尿。每
當炊爨之時，更有一種煙薰臭氣四處吹來，令人難受。遙想近水樓
臺，憑相娛目之樂，能不令人羞極妒極耶？

別後，於初三日抵苗，沿途灘河險惡，幾爲水府之賓。而到此
荒涼境界，所見所聞，殊令人可驚可怪。兼之地方齷齪，臭氣難當，
若非主人之重託，眞不可以刻居之地。

兩段文字所敍述場景類似，惟對宋公更爲詳盡，且回憶過往。而在致鈕
公札中，則更強調乃是「主人之重託」。這種「豈無山歌與村笛，嘔啞嘲哳難
爲聽」一類的描寫雖然並不優雅，但是可以想見確爲當時之體會。

某甲有時還頗自「舞文弄墨」一番，如「惟所寄之薄底鞋又將穿矣，因
戲成一聯：『三雙鞋已破，兩腳底生痂』」。〔註291〕另外，在特定時節，尤其在
春節前後，某甲當然益增不少感慨，且常與兒女之情有關。如「△羈跡苗疆，
孤棲萬狀」，而「執手共看花燈之樂，徒令夢想神馳，邈不可得。朗江爲楚南
華美之區，花燈素盛，不識賞鑒之下，可有如三姐兒之一雙秋波否」？〔註2920〕
再如，「映帶之美，未嘗不思竊效。但恨不能翻唱苗歌，無由勾引。且遍加遴
選，俱屬魔女鳩盤，實不屑與締緣。是以歷此半年，竟如老僧坐禪，煩囂盡
滅。不但眞情難遘，即昔日夢裏歡娛，今欲求之而亦不可得矣」。〔註293〕此類
描寫，在信札之中無非片語隻言。但是，即使作爲點綴，也更突顯人情、人
性在宏大制度運行之中的眞實反映。

四、附　卷

附卷之中共計收錄有四篇。其中前兩篇已經分別在前文中論及，〔註294〕
僅有第三篇〈藥方〉與第四篇〈書單〉於全書而言似乎單獨存在。

如果仔細閱讀，〈藥方〉一篇似乎與前文內容仍有所關聯。前文約略有

〔註290〕分別見卷三之七〈致宋公（三）〉，及卷三之八〈致鈕先生（一）〉。
〔註291〕卷四之二十三〈致居停（廿二）〉。
〔註2920〕　卷三之十五〈致宋公（四）〉。
〔註293〕卷四之二十一〈致宋公（十）〉。
〔註294〕附卷之一〈公議新數頭底〉與卷二之二十六〈搭木執照〉緊密關聯，而附卷
之二〈燈竿木〉與卷二之四〈移常德府（一）〉或有聯繫，詳均見前文。

兩處提及病痛，一處爲卷三之二十九〈致宋公（七）〉，提及「又聞尊手偶患瘋氣，諒係舟中潮濕所使，甚爲繫念」；另外一處是卷三之十八〈致宋公（五）〉中，由於某甲妻子抱病，故而向宋公詢問藥方：「想先生名齋扁鵲，如有藥婦人之愁者，敢乞恩賜一方。」查考〈藥方〉所載，大略以「八珍湯」爲基礎，即四君子湯（參、術、苓、草）與四物湯（地、芍、歸、芎）之合方。〔註295〕該方以補血、補腎爲主，兼有補氣、去濕、健脾，當是以治療婦科疾病爲主的方子。以此觀之，此一藥方，或許就是宋公寄送某甲留存的用以治療其妻病症的藥方。

　　〈書單〉一篇係夾在書頁之內的紙片，即使閱讀原抄本也不易發現。書單中共記載有書九十七種，其中之大部均成書於清前期以前，共分爲七個部分（大匱的上、下及一至六號），前文已經詳述。其內容也包羅眾多，舉凡經、史、子、集，以至於字帖、畫譜等等，均有收錄，或與某甲幕友的身份有所聯繫。

〔註295〕 參見冉小峰主編：《歷代名醫良方注釋》，北京：科技文獻出版社 1983 年版，第 562 頁。

第四章　邊疆市場中的衝突治理與國家律法

一、導論：背景、概念與問題

（一）皇木採運與邊疆市場

無論是討論「被統治（治理）的藝術」，[註1] 還是「不被統治（治理）的藝術」，[註2]「基層」、「邊疆」這些處於無論是地理意義上的還是系統層級意義上的「末梢」的非中心場域，都是極受重視的、也是極佳的研究對象。來自中心的力量，無論是法律的還是政治的，在邊緣地帶都無可避免地被弱化，這樣才給「衝突」或者「迂迴」提供了前提——正是基於中心力量的弱化，人們在遭遇這一力量時，「處理」、「協商」乃至於「操縱」才得以可能。[註3] 有賴於兩造力量的相對均衡，「協商」才可能在相關領域展開。但如果再在其中加入「市場」這一內置有「協商」屬性的元素，其中諸方相互「衝突」的場面無疑會得到更為全面的展示。在此意義上，清代邊疆市場的皇木採運自然是極佳的研究對象。

與明代的皇木採辦不同，清代自康熙三十四年（1695 年）起即動用正項

〔註 1〕 See Michael Szonyi. *The Art of Being Governed: Everyday Politics in Late Imperial China.* Princeton: Princeton University Press, 2017.

〔註 2〕 參見詹姆士·斯科特：《逃避統治的藝術：東南亞高地的無政府主義歷史》（The Art of Not Being Governed），王曉毅譯，北京：生活·讀書·新知三聯書店 2016 年版。

〔註 3〕 See Michael Szonyi. *The Art of Being Governed: Everyday Politics in Late Imperial China.* Princeton: Princeton University Press, 2017: 242.

開支採辦皇木。〔註4〕換言之，此時的木材採辦並非屬於「徵收」或者「進獻」，而更接近於市場行爲，或者大略可類比爲「政府採購」。與之相對應的，湘黔邊境的木材市場也逐漸興盛。〔註5〕基於這一市場，清代湖南例木的採辦方式則爲從木材市場中採買後運解北京，而無須組織「勘察、採伐、拽運」等環節。〔註6〕因此，對於官方而言，採辦環節的最上端則限於臨近產地的木材市場。而隨著內地木材的逐漸減少，採辦人員同其他商人一樣，都需要不斷深入湘黔苗疆的木材市場。〔註7〕

隨著採辦人員途程的延伸，邊疆市場通過皇木採運與中央政府聯繫起來。由於所辦解的屬於「年例木植」，〔註8〕採辦人員所代表的王朝力量必須頻繁地進入邊疆市場。而在這一過程中，其在多方接觸時所產生的「衝突」，則正是所欲觀察的對象。

（二）概念與問題

在皇木採運背景下的邊疆市場中，存在著起碼三組相對關係：「中央－基層」、「內地－邊疆」、「政府－市場」。申言之，進入邊疆市場的採辦人員所代表的，來自王朝中央的、內地的、政府的力量，其所背負的理據亦來源於此。尤其在具象上，這些在貴州所採辦的皇木屬於「欽工要件」，〔註9〕是用於北京「天壇」〔註10〕和紫禁城「欽安殿」〔註11〕這些極具皇權意味的場所的木料，稱爲「皇木」名副其實。相對而言，採辦人員所面對的，則是基層的、

〔註4〕 明代的採辦經費常常是「官不給價，只給腳錢」（見正德《四川志》卷八），而清代並非如此。乾隆《大清會典則例》卷一百二十八〈物材〉：「〔康熙〕三十四年，重建太和殿，應用木料，奉旨停免採取，一應工料，發帑購買。」又，採木所額定的價銀，「例於司庫地丁項下動支取」。參見〈奏爲動支道光十八年地丁銀兩採辦年例木植事〉，藏中國第一歷史檔案館（檔號：03-3349-020）。另外，參見藍勇：〈明清時期的皇木採辦〉，《歷史研究》1994年第6期，第88、90頁。

〔註5〕 參見蔣德學：〈明清時期貴州貢木及商業化經營的演變〉，《貴州社會科學》2010年第8期，第123頁。

〔註6〕 參見藍勇：〈明清時期的皇木採辦〉，《歷史研究》1994年第6期，第90頁。

〔註7〕 除了臨近的省份湖南，其他省份也有遠赴苗疆採辦木植的情況，如江蘇例木即有到苗疆採辦的動議，參見〈奏爲查明委辦例木之通判採運遲延先行摘去頂戴事〉，藏中國第一歷史檔案館（檔號：04-01-35-0231-019）。

〔註8〕 嘉慶《大清會典則例》卷六百七十〈木倉〉。

〔註9〕 參見卷二之十一〈又示〉。

〔註10〕 參見卷二之十三〈移錦屏捕廳〉。

〔註11〕 參見卷二之十四〈移遠口司（一）〉。

邊疆的、市場的力量。雖然相對邊緣，但是並不意味著此處力量薄弱或者規則缺乏。故而，二者之間的頡頏對抗頗值得琢磨。

這些對抗存在於方方面面，但就《案牘》的文本而言，「律法」在其中的身影往往可見。尤其，在通常所謂的國家法與習慣法的二元對立中，此種動態的、邊疆的、市場的場景還較少得到分析。在這一背景下，本章所試圖闡明的，即是在以上的多重衝突之中，「國家律法」所展現的形象及其與「習慣權力」之間的折衝。

「國家律法」的表述，是建基於作爲「民間法」或者「習慣法」之對稱的「國家法」的概念。之所以不直接使用「國家法」的術語，是因爲相對而言其更強調實證意義上的法律，而本章所討論的對象似乎更接近於一個綜合的、乃至於籠統的法律概念，其既包含有具體的律例條文，也注重、甚至更主要的是指國家法源之整體。並且，「律法」一詞在清代被顯著廣泛地使用，〔註12〕故而嘗試以之概括這一現象。而至於「習慣權力」，則區別但來源於常謂的「習慣權利」。〔註13〕如果「習慣權利」是相對於「法定權利」的概念，那麼「習慣權力」則可被視爲「法定權力」的對稱。〔註14〕在具體語境下，它指邊疆市場中特定機構或個人基於習慣等民間規範而獲得的「權力」。除此之外，關於「邊疆」概念的使用也需稍做說明。此處的邊疆並非在國境意義上被理解，而是指一種遠離中心的、邊緣化的場域。故而就在地理上而言，其解釋範圍相對寬泛。

基於以上概念的釐定，本章試圖探究的問題是，在存在上述三組衝突關係的清代邊疆市場中，「國家律法」在包括與「習慣權力」的對抗等多方衝突

〔註12〕 參見劉力偉：〈中國古代「律族」法律文書名詞研究〉，遼寧大學 2017 年碩士學位論文，第 22、34~35 頁。

〔註13〕 關於「習慣權利」，一般認爲係指「針對法（國家法）定權利而言，它指一定社區的社會主體根據包括社會習俗在內的民間規範而享有的自己爲或不爲；或者對抗（請求）他人爲或不爲一定行爲的社會資格。」關於「習慣權利」及其應用，參見謝暉：〈民間規範與習慣權利〉，《現代法學》2005 年第 2 期，第 3~11 頁；蘇亦工：〈不變而變——史德鄰報告與香港華人習慣權利之興廢〉，《清華法學》2008 年第 5 期，第 5~19 頁；尤陳俊：〈明清中國房地買賣俗例中的習慣權利——以「歎契」爲中心的考察〉，《法學家》2012 年第 4 期，第 14~28 頁。

〔註14〕 關於「法定權力」，指「特定機構或者個人根據法律、法規授權獲得的、對確定範圍內的人與事的支配、影響能力」。參見屈學武：〈法定權力與權力法治〉，《現代法學》1999 年第 1 期，第 20 頁。

中，究竟是以何種形象或者方式出現的？易言之，在此種背景下，「國家律法」是如何被使用（提及）或者不被使用（提及）的？進一步的，其所呈現的形象應當被如何理解？

以下將首先基於《案牘》的文本，概述邊疆市場的構成，並展示採辦人員進入邊疆市場後所引起的「全面衝突」；隨後，以其中最爲關鍵的「議價權」的爭奪作爲關鍵例證進行闡釋和分析；最後，具體分析諸多衝突中「國家律法」的兩種話語形象，以及將「國家律法」容納於其中的被描繪爲「術法」的邏輯。

二、「滋事」與「生端」：邊疆市場的結構與衝突

（一）邊疆市場的構成

在論述展開之前，首先需要大致梳理和界定本章所討論的邊疆市場的地域和構成。《案牘》中所描述的皇木採辦的地域比較明確，「查採辦例木，向在苗地、托口、德山水次採買，並於靖州地方」。〔註15〕自德山，而托口，至「三江」，是一個市場溯江而上逐步深入「苗地」的過程。

在這一市場中的木材交易其實極爲複雜，其過程貫穿於伐木、運輸、經紀、行商等多個環節。〔註16〕但是對於局限於邊疆市場的皇木採買來說，由於較少涉及上游的伐木拽運，並且也暫時不討論辦完木植之後的運輸北上，其市場主體的構成則相對清晰。具體而言，在採辦人員之外，大略尚有三方主體。

首先，是供貨端的「山客」，又被稱爲「山販」、〔註17〕「苗販」〔註18〕等。所謂「山客」，固然相對於「水客」而言。「錦屏木業通例，恒稱賣方爲山客，買方爲水客」，〔註19〕原因在於賣家多來自山間，或需要深入山林購買砍伐木植，故而以此稱之。

其次，是外來的客商，如著名的「三幫」、「五勳」。〔註20〕相對應於賣

〔註15〕卷二之一〈稟藩憲〉。

〔註16〕參見尹紅群：《湖南傳統商路》，長沙：湖南師範大學出版社 2010 年版，第229~232 頁。

〔註17〕參見卷二之十七〈移遠口司（二）〉。

〔註18〕參見卷二之二十〈示（二）〉。

〔註19〕蔣德學編：《貴州近代經濟史資料選輯》（上），成都：四川省社會科學院出版社 1987 年版，第 340 頁。

〔註20〕參見貴州省編輯組編：《侗族社會歷史調查》，貴陽：貴州民族出版社 1988 年

家「山客」，這些買家可以被稱之爲「水客」，因其「多來自下江各地也」。
〔註 21〕當然，買家、賣家是相對的，對於更下游的客商而言，他們也是賣家。

　　再次，在買賣雙方之間經紀居間的，稱作「主家」，其又稱作「行戶」、
〔註 22〕「行家」〔註 23〕等。主家最初是向遠赴苗疆的木材商人提供食宿的店鋪，後來逐漸發展爲居間行業，屬於「歇家」之一種。〔註 24〕由於山客、水客之間語言有差、習俗有異，主家依其優勢，居間充當翻譯，撮合交易，漸成行業。除此之外，主家的職責還包括如安排運輸、兌付款項、圍量木碼、代交稅費等一應服務項目。〔註 25〕而其中最爲重要的，則是在勸盤買賣時，從中喊盤定價，並從中抽取傭金以資生。〔註 26〕

　　以上主體其實已經構成了一個完整的木材市場。在此之外，地方層面上還存在若干與之息息相關的各類力量。如代表基層行政力量的各級地方政府官吏，處於官民之間的牌頭、保長及有功名威望的鄉紳、生員等等。這主體其實與上述買、賣、居間主體一起共同影響和構成了邊疆市場的形態。

　　（二）「滋事」與「生端」

　　然而，採辦人員的進入或許相應改變了上述市場的結構。在交易架構中，採辦者一方面向山客採買，另外一方面也在過往的客商木排中抽買木植。在交易本身內外，採辦者都是相對特殊的存在，採辦者自身對此也有清晰的認識。

　　在《案牘》中卷二之一的〈稟藩憲〉中有相關採木經驗的總結，即所謂「直陳木差利弊」。〔註 27〕其總結道，由於採辦例木時，向來均在「三江」苗地採辦，「委員到彼，身屬客官」，而且該地的「行戶、苗販並外來客商，無

　　　　版，第 32～33 頁。
〔註 21〕蔣德學編：《貴州近代經濟史資料選輯》（上），成都：四川省社會科學院出版社 1987 年版，第 340 頁。
〔註 22〕卷二之一〈稟藩憲〉。
〔註 23〕卷三之十八〈致宋公（五）〉。
〔註 24〕參見胡鐵球：《明清歇家研究》，上海：上海古籍出版社 2015 年版，第 68 頁。
〔註 25〕參見錦屏縣三江鎮人民政府編：《三江鎮志》，錦屏：錦屏縣三江鎮人民政府 2011 年版，第 254~255 頁；梁明武：《明清時期木材商品經濟研究》，北京：中國林業出版社 2012 年版，第 154~155 頁。
〔註 26〕參見錦屏縣三江鎮人民政府編：《三江鎮志》，錦屏：錦屏縣三江鎮人民政府 2011 年版，第 254~255 頁。
〔註 27〕卷二之一〈稟藩憲〉。本段引用均自此。

不心存歧視」。另外，由於「近年山窮木小，巨材難得」，採辦人員與外地客商尚存在競爭關係，「在苗販得之，固視爲奇貨，而眾商見之，亦靡不贊爲良材」。故而，苗販「運木到埠，無不願蠆賣而嫌零折，即所在客商，見有好木，亦無不群相爭買，此固人情之常」。

在這一緊張關係下，《案牘》中總結了兩種衝突的可能，即所謂的「滋事」與「生端」。前者指作爲採辦人員的「丁役滋事」，而後者則指在地各方的所謂「地棍生端」。

關於在地主體（即所謂的「地棍」）的分析，已經見諸上節。而對於採辦人員，亦如前述，其內部也區分有層級結構，即「委員」、「丁役」、[註28]「巡役」三個層級。在這一採辦團隊中，「委員」居中調度，並委派「丁役」帶領「巡役」分赴各地進行採買。「委員」屬於正式的國家官員，而具體奔赴邊疆市場中經辦木植的「丁役」、「巡役」則沒有正式職位。這些層級基本上對應於所謂的「正式國家代理人及其非正式代表」。[註29]

這一點其實極爲關鍵，即最終親身進入邊疆市場中參與採辦的國家代表，往往並不具備正式身份。具備正式身份的委員常留在「後方」。下文在分析時，以「採辦人員」或「採辦者」指稱的具體經辦者往往並非「委員」本人。

所謂「滋事」與「生端」，是指一種雙向衝突的狀態。雖然已經有所防備，但是在「外來」與「在地」的必然緊張關係下，衝突顯然不可避免。

採辦過程中出現的各種矛盾衝突，無論是「丁役滋事」，還是「地棍生端」，都需要經由地方官府進行調查處理，這在採辦人員的往來信函中也有體現。藉此，也留下了相應的案件情況可供分析。總結而言，《案牘》中所記載的各類案件的當事人，涉及客商、民人、主家、保長等各式人等，幾乎涵蓋了採辦木植過程中採辦者所應接觸到的所有市場內外的主體。這對採辦全過程中各類矛盾的揭示不可謂不充足。

舉例而言，如前文詳細述及的與客商發生衝突的「楊德朝等『捏詞妄稟』案」，[註30]與主家發生衝突的「穆先『窩留匪類』案」，[註31]甚至有與保

[註28] 「丁役」的稱謂未必確實，但姑且以之表述居於中間層次可獨當一面的採辦人員。
[註29] See Michael Szonyi. *The Art of Being Governed: Everyday Politics in Late Imperial China.* Princeton: Princeton University Press, 2017: 242. 須說明的是，上書中所謂的「非正式代表」等其實應指里長、保甲等角色。
[註30] 參見卷二之八〈移常德府（二）〉。案件名稱爲筆者所擬，下均同。
[註31] 參見卷二之十二〈稟詞〉；卷二之二十五〈移黎平府（四）〉；卷二之十一〈又

長發生衝突的「趙光南『把持行市』案」；〔註32〕及與當地民人發生衝突的「王祿先『妄議阻撓』案」，等等。經由上述衝突案件的舉例，採辦人員進入邊疆市場後所面臨的類似「全面衝突」的情境已經得以勾勒出來。

三、「法無可施」：議價權的爭奪

在所有似乎全方位的衝突中，最爲關鍵的當屬關於「議價權」的爭奪。無論其中有何種「私項」，採辦人員最終仍需要完成購置木植的任務，故而所有的工作均須圍繞於此。而議價則無疑是其中的核心環節。

（一）主家的「習慣權力」

在木材交易時，作爲「中間人」的主家需要從中喊盤定價，具有「一口喊斷千金價」之權威。〔註33〕具體而言，據記載，在「三江」地方買賣議價，如果雙方堅持己見，則需經過數日所謂「三起三落」之談判方告談妥。而「有時主家（中間人）爲促使成交，當雙方堅持不決時，以斷然態度，將他（主家）認爲適中的價格，擅向雙方正式宣佈，這是主家習慣上的權力」。〔註34〕

在清水江文書中也有相關記載，如「議價隨主家一喊爲憑，即錯喊亦無更改」。〔註35〕甚至因此發生過悲劇，「曾有苗民至江賣木，被伊等妄喊，折本太多，退木不能，加價不肯，不得已投河自盡」。〔註36〕故而稱之爲「一聲喊斷千金價，數語能降四海賓」。〔註37〕

以常規而言，交易的達成總以買賣雙方的合意爲準，即「各行貿易價值，皆聽買賣二家當面議定爲準，他人不過從旁贊成而已」。〔註38〕然而，在「三

示〉：卷二之二十三〈示（四）〉。
〔註32〕參見卷二之十六〈移黎平府（三）〉。
〔註33〕參見貴州省錦屏縣志編纂委員會編：《錦屏縣志》，貴陽：貴州人民出版社 1995 年版，第 521 頁。
〔註34〕參見俞渭源：〈我對廣木的認識〉，載常州市木材公司編：《常州市木材志（1800～1985）》，常州：常州市木材公司 1986 年版，第 131～132 頁。
〔註35〕張應強、王宗勳主編：《清水江文書》第一輯第 8 冊，桂林：廣西師範大學出版社 2007 年版，第 317 頁。
〔註36〕張應強、王宗勳主編：《清水江文書》第一輯第 8 冊，桂林：廣西師範大學出版社 2007 年版，第 317 頁。
〔註37〕張應強、王宗勳主編：《清水江文書》第一輯第 8 冊，桂林：廣西師範大學出版社 2007 年版，第 317 頁。
〔註38〕張應強、王宗勳主編：《清水江文書》第一輯第 8 冊，桂林：廣西師範大學出

江」的木材市場中，居間的主家卻擁有決定價格的「習慣權力」。〔註39〕換言之，市場的議價權是掌握在主家手中的，甚至有禁止越過主家向山主洽購的「成規」。〔註40〕除此之外，當地還有「當江」（又稱「當崗」）的規則，指清前期形成的由「三江」輪流執掌木材貿易的制度。〔註41〕《案牘》中對此也有提及，如「本年輪應王寨當崗」。〔註42〕其後由於利益糾葛，當地還上演了「爭江」的戲碼。〔註43〕

此種議價權的規範性來源難以查知，所謂「其威權赫赫，不知奉何帖諭而森嚴若此」，〔註44〕但是卻在某種程度上可以尋得其合理性的解釋。正如「當江」之所以重要，當然的動因是其後巨大的利益。主家關於議價的「習慣權力」似乎也可以基於此得到理解。首先，主家自然希望儘量促成交易，因為唯有如此其才得以從中抽傭。但由於市場常年貿易，如果其喊價過高或者過低，則買賣雙方雖然此次吃虧，隨後自然不再次會選擇此一主家。故而主家有維持相對適當價格的動力。另外，由於主家常年在市場之中撮合貿易，某種程度上屬於此中的「專家」。木植價格的認定係依據其尺寸長直及各方面的質量，一般人並不容易判斷。主家對於相應質量的木植之時價的認定則顯得相對權威和準確，故而易於得到兩造的認同。還需要考慮的是當地氏族在長期開辦經營木業時所產生和積攢的權勢，這種壟斷性的力量益加鞏固了其關於議價的「習慣性權力」。〔註45〕

版社 2007 年版，第 317 頁。

〔註39〕 「黎屬卦、王寨、茅坪等處木價，係隨主家一喊，逼令山販依從」。參見張應強、王宗勳主編：《清水江文書》第一輯第 8 冊，桂林：廣西師範大學出版社 2007 年版，第 317 頁。

〔註40〕 參見俞渭源：〈我對廣木的認識〉，載常州市木材公司編：《常州市木材志（1800-1985）》，常州：常州市木材公司 1986 年版，第 132 頁。

〔註41〕 關於「當江」，可參見張應強：《木材之流動：清代清水江下游地區的市場、權力與社會》，北京：生活·讀書·新知三聯書店 2006 年版，第 50 頁及以下；王宗勳：《清水江木商古鎮——茅坪》，貴陽：貴州民族出版社 2017 年版，第 53 頁。

〔註42〕 卷二之二十二〈示王寨〉。

〔註43〕 所謂「爭江」，主要指涉及各地開設木行的糾紛。參加潘志成、吳大華、梁聰編著：《清江四案研究》，貴陽：貴州民族出版社 2014 年版，第 29~50 頁。

〔註44〕 張應強、王宗勳主編：《清水江文書》第一輯第 8 冊，桂林：廣西師範大學出版社 2007 年版，第 317 頁。

〔註45〕 參見王宗勳：《清水江歷史文化探微》，昆明：雲南美術出版社 2013 年版，第 60 頁。

（二）爭奪議價權的嘗試

對於主家所擁有的議價權，採辦人員自然清楚，他們發現「此間崗規，總以主家一喊爲憑」。〔註46〕這其實本就是這一木材市場自有的運行邏輯。但採辦人員的要求，無異於將自身加入其中，要求主家讓渡參與乃至決定市場議價的權力。二者之間的衝突因而無可避免。

關於採辦人員對主家議價權的挑戰在《案牘》中有生動的記載。如在一次採買議價中，採辦人員先「號有桅二根」，但是「價銀尚未議定」。〔註47〕《案牘》中的數封稟報信札中都提及這兩根桅木，可見其討價還價的過程延宕日久。在隨後的議價中，此「桅木兩根」，「已還到四十八兩，客猶不賣，而主家竟硬喊五十五兩」。〔註48〕

採辦者的出價逐步提高到四十八兩，但是主家直接確定了五十五兩的價格，採辦者對此顯然並不滿意。但在內部信札中，採辦者認眞分析了這一價格的低昂：這兩根桅木，「核之龍泉馬價，要賣十六兩零三分。一貫且作十貫而論，則到南京亦值一百六十餘兩」。故而，「似此算來，原不爲貴」。〔註49〕但是，採辦者之所以還要與主家鬥智鬥勇的原因在於，其希圖破除這種「主家擅自喊價」的「習慣權力」。採辦人員認爲，如果遵從其喊價，「即照此發銀，則不足以儆」，將來辦理木材就會「掣肘」。故而，這一回合交手後的結果是主家被採辦人員「呵飭一番」，木植則「仍擱起在崗。且俟挨至年底，再作計較」。〔註50〕

於採辦者而言，此一輪較量暫時擱置；但是在賣家而言，其已經破壞了當地的市場規則。故而賣家表示，既然已經喊價，則必須遵照執行，「斷不肯少，惟日與主家吵鬧」。〔註51〕主家在客人的壓力下「法無可施」。所以只好「邀鄰店之徽客們」前去拜訪採辦者，「懇求情願受罰」。最後，在採辦者的敘述中，對主家「隨罰其銀二兩」。計算下來，等於採辦者「出銀五十三兩」，主家出二兩，客人還是按照主家所喊的五十五兩賣出桅木。

採辦者在報告時認爲，這一舉措「既全伊等面目，亦可使毛坪主家知所

〔註46〕參見卷三之十一〈致居停（五）〉。
〔註47〕參見卷二之八〈致鈕先生（一）〉。
〔註48〕卷三之九〈致居停（四）〉。
〔註49〕卷三之九〈致居停（四）〉。
〔註50〕卷三之九〈致居停（四）〉。
〔註51〕本段以下均參見卷三之十一〈致居停（五）〉。

畏懼，不敢亂喊也」。〔註52〕雖然「向來採辦例木，從無罰令主家出銀之理」，
但是採辦者認爲這一做法很有必要。因其發現「買木總憑主家公喊」有諸多
弊端，最爲關鍵的是這些「大木客商多係附近之人，與若輩非親即友，保無
串同增價之弊」。還舉例道，「前手王友在此有一梘木，王友只還三十兩，主
家竟硬喊卅八兩」。所以當即叮囑主家「不許多喊」，但是似乎並沒有起到效
果。所以「若不加以飭罰，則何足以儆將來」？不僅如此，採辦者還「傳集
各主家，曉以前情，喻以大理」，本質上是希望以某種程度上的「行政權力」，
讓居間的主家在喊價時偏向己方。雖然在採辦者的敍述中，主家「不但本人
俯服，即其餘亦唯唯而去」，但是具體效果爲何，則不得而知了。

（三）「法無可施」？

關於議價權的爭奪，採辦者的策略是，各主家如果有「違抗」，則需要
「略施威勢」，才能「諸事應手」。〔註53〕雖然在上述案例中，依據採辦者的
敍述，其取得了「面子」與「裏子」的雙重勝利，逼得主家「法無可施」，
只好「受罰」。但是仔細分析卻不難查知，主家的議價權其實並未受到實質
損害。

採辦者的出價（四十八兩）與主家的喊價（五十五兩）中間有七兩的差
距。雖然採辦者極不滿意，但是對於賣家而言，最後的成交價格仍是主家的
喊價。只不過主家從中貼補二兩（即採辦者所謂的「罰銀」），採辦者最後的
出價仍是較高的五十三兩。換言之，或許並非是採辦者顧全了主家的「面
目」，而是主家用二兩銀子顧全了採辦者作爲官方代表的面目，並且以此在
當地依然維持了其關於議價的「權力」。

當然，雙方的爭奪始終都在繼續，在另外一屆的例木採辦中，採辦者甚
至對議價過程進行了詳細的規定：〔註54〕

> 嗣後如有苗販運到合式木植，一經號就，即著該主家帶同苗
> 販，赴公館議價。只許本主家王德富一人持算盤上樓，聽候本分府
> 按木植之好歹，時價之低昂，公平酌發。不得串同苗販，故意多喝，
> 侵蝕國帑。至苗販、主家等，均不得擅自上樓，爭多較寡。

依據這一規定，採辦者幾乎是強行地在要求掌握議價時的主動，一體排

〔註52〕 本段以下均參見卷三之十一〈致居停（五）〉。
〔註53〕 參見卷四之九〈致居停（十六）〉。
〔註54〕 卷二之二十一〈示（三）〉。

除了其他角色的「干擾」。起碼在文字上來說，這無疑是以強制的手段實現的，「倘敢故違，定即送究」。〔註55〕但是，更值得玩味的是，其中雖然言明「苗販、主家等，均不得擅自上樓」，似乎排除了主家的干擾，但仔細判定，則可以發現此處的「主家」指的是其他主家。其議價流程其實是，木植到達之後，由苗販所投寓的主家帶領其「赴公館議價」，而議價時僅限定採辦者所投寓的「本主家王德富」一人參與，而作爲賣家的苗販及其主家不得參與議價。究其實質，僅僅排除了賣家苗販參與議價的權利，而其他流程則全然依賴於各方主家的力量。以此看來，此一告示與其說是限制了主家的權力，不如說其實隱含承認了主家之不可或缺的地位。在採辦人員與當地主家的「衝突」中，「法無可施」的似乎並不是主家，而或許是作爲國家力量之代表的採辦者。

四、「國家律法」與「術法」的邏輯

（一）國家律法的話語

在上文所分析的以議價權之爭奪爲代表的多方衝突中，「國家律法」的話語其實一直都在場。例如前述王祿先「妄議阻撓」案中，採辦者即在移文中認定其人「實屬習惡棍徒，目無法紀」，〔註56〕故而移請遠口司將其拘拿到案，「取具遵結，交保管束」。〔註57〕

然而，此種其人所「目無」的「法紀」究竟爲何？移文中並沒有直接指明其所違犯的律條，但在隨後的「示」中，似乎交代了「法紀」的詳細來由：
〔註58〕

> 爲曉諭事。照得本分府奉委來黔採辦皇木，事關欽工重務，例限綦嚴，難容遲緩。誠恐所到地方，呼應不靈，或地棍阻撓滋事，以致掣肘誤公。業經湖南撫部院咨明貴州撫部院，轉飭產木各地方官遵照曉示，各處凡有合式桅、杉大木，悉聽本分府號買，毋許揹勒抬價，並令各地方官協力彈壓在案。

簡言之，採辦者著意強調了「皇木」、「欽工」的名義，並表明已經由湖

〔註55〕卷二之二十一〈示（三）〉。
〔註56〕參見卷二之十四〈移遠口司（一）〉。
〔註57〕參見卷二之十〈示（一）〉。
〔註58〕卷二之十〈示（一）〉。

南巡撫「咨明」貴州巡撫，〔註59〕並「轉飭」各地方官曉示和彈壓。河下嚷罵之人所觸犯的「法紀」，其實是「悉聽本分府號買」，而所要處理的行爲，則是《案牘》中反覆提及的「不遵號買」。〔註60〕在該「示」的最後，發文者重新強調了一遍應知的「法度」：

　　　誠恐外來棍徒不知法度，復有效尤滋事者，亦未可定。合出朱示曉諭，爲此，示仰一切閒雜人等知悉：嗣後務須各安本業，毋得效尤，妄議公務，倘敢故違，定行立拿，押送地方官重究不貸。各宜凜遵毋違。特示。

此處則明確指示的「法度」爲「務須各安本業，毋得效尤，妄議公務」。當地主家稟稱「小的們本寨民人，並徽、臨兩幫客商，都是恪守法度，從不敢多事的」，〔註61〕其所恪守的「法度」，或亦指此。

在採辦者那裡，「悉聽本分府號買」這一規範的證成可以分爲三層：首先在於「皇木」、「欽工」的最高旨意，其次在於地方各級官府的公文告示，最後則是「協力彈壓在案」的強制保障。所謂的「本府言出法隨」，〔註62〕顯然是一種將所「言」之事轉化或等同於「法」的展現。而這一轉化的過程明顯需要證成。

然而，採辦者所展示的「法紀」顯然沒有明確的律法條文的依歸，因而作爲整體的國家律法的話語也成爲證成其正當性的重要方式。如在示禁主家時，明確表示「誠恐地屬苗民鮮知禮法」，故而「剴切曉諭，以昭法律」。〔註63〕在各類文書中，「法」也不斷出現，且密度極高，如「逞強藐法」、「終難逃日後之法網」、「尤干法紀」、「膽敢藐玩違法」、「應屬玩法疏縱」、「行蹤不法」、「以憑盡法懲治」等等。〔註64〕這些關於「法」的話語顯然並非指向某一具體條文，其實質可能指向前文所指出的採辦者訂立的「法紀」，而所隱喻的，則是作爲抽象的、正當性來源的國家律法的形象。採辦者的敍述中顯然極大地依賴於這些話語的使用。

〔註59〕這一行文經過的強調，似乎隱含地在回應嚷罵者關於兩省有別的言論，即「湖南的官只該在本省採買木植，如何許他到貴州地方來採辦皇木」，亦即此事已經告知貴州巡撫。參見卷二之二十四〈移遠口司（一）〉。

〔註60〕如參見卷二之一〈稟藩憲〉。

〔註61〕卷二之二十四〈移遠口司（一）〉。

〔註62〕卷二之二十三〈示（四）〉。

〔註63〕卷二之十一〈又示〉。

〔註64〕參見卷二之十一〈又示〉；卷二之二十三〈示（四）〉。

在上述論述之外，採辦者在證成中還採取了多種角度。如反覆提及的「遵照向例」；〔註65〕又如求諸「交易貴乎無欺，辦公尤須勤慎」〔註66〕一類的良善規範。再如以苦口婆心之口吻，言及「所帶銀兩，皆屬朝廷帑項，爾等處此升平盛世，飲和食德，當思急公奉上，共勤其事，萬勿藐法玩公，自取罪戾」，〔註67〕「方不愧爲良民」。〔註68〕甚至稍嫌無奈地表示，「況本分府乃朝廷命官，承辦欽工要件，更非尋常過往官員可比。爾等苗民益當尊敬，豈容藐視玩法，目無官長乎」？〔註69〕凡此種種，均顯示了中心力量在邊緣地區相對式微的影響力和略顯尷尬的處境，以及身處此種情境中亟需尋求話語奧援的要求。

（二）律法條文的適用

然而，在邊疆市場的採買中，「國家律法」並非僅作爲泛泛話語而被使用。在具體情事中，律法條文也會被直接援引，例如前述在清水江流域等地常見的「搶撈木植」案。

在「龍汝邦等『搶撈木植』案」中，移文中援引了關於拾得遺失物的律條。〔註70〕在這一案件中，「國家律法」顯然不再是籠統話語，而是切實的論證基礎。但有趣的是，雖然引證了具體條文，最終卻話鋒一轉並沒有以此爲依據，而僅作爲「舉輕以明重」之參酌。直接適用律條的例子，僅見「趙光南『把持行市』案」中，採辦人員依據律例之規定查證保長身份。〔註71〕這或許是由於保長某種程度上屬於類官方身份，故而適用律法的邏輯。在對於邊疆市場中的其他在地民人，採辦者對於律法的使用則十分謹慎。

（三）「術法」的邏輯：正當性的缺失與補足

由以上分析可以發現，無論是作爲整體概念，還是引述具體條文，國家律法在清代邊疆市場中的存在都可以被視爲一種正當性證成的話語。易言之，其所輔助證成的採辦者所規定的「法紀」、「法度」，才是切實有效並據以執行的規則。而至於國家律法，則僅僅是其背後可能的正當性來源。

〔註65〕卷二之十一〈又示〉。
〔註66〕卷二之二十一〈示（三）〉。
〔註67〕卷二之二十一〈示（三）〉。
〔註68〕卷二之十一〈又示〉。
〔註69〕卷二之十一〈又示〉。
〔註70〕卷二之二十四〈移遠口司（三）〉。
〔註71〕參見卷二之二十六〈移黎平府（三）〉。

顯然，面對以「習慣權力」為代表的邊疆市場的複雜環境，僅憑國家律法並不足以施展，其在當地的效力也頗可懷疑。當然，「國家律法」與「習慣權力」在邏輯上並不是完全對應的概念，前者似乎應當對應「習慣/民間法」，而後者應當對應「國家/法定權力」。但是，在此處所討論的清代邊疆市場中，進入苗疆的國家力量往往向「國家律法」尋求正當性並藉由「國家律法」而展示，而其所需要處理乃至於「抗衡」的對象，也往往並不是更為一般的「習慣法」或者其他民間規範，而是其中形成的具體的「習慣權力」。二者正是在此意義上得以並列。

饒是如此，針對「習慣權力」，採辦者所採取而與之抗衡的與其說是「國家律法」，毋寧說是某種「術法」。採辦人員在內部溝通的信札中直接言明了其辦木的策略：〔註72〕

> 且聞毛坪主家較卦治更習，又有生員三名，無不聽其號令。設使立關之初辦理未善，彼即漸漸侵欺，無所底止。乙俟到彼，當先以術法籠絡若輩，如行軍之道先擒其王，其餘小卒不難收伏矣。

採辦者明言，需要「以術法籠絡」，但至於此「術法」具體為何則並未解釋。採辦者認為，主家之所以刁惡，是因為之前的採辦人員「諸事含糊儒弱」，「所以養成野性，目無法紀」。〔註73〕而正確的做法，則是「豎旗請客」，「在四頂歪頭巾並各主家前，將吾哥威嚴聲勢宣洩張揚，復自己謬抬身價，使知畏懼，或不敢藐視也」。〔註74〕

從這一重要表述中可以發現，採辦者之術法的關鍵在於「使知畏懼，或不敢藐視」，而達到這一效果的方式則是將「威嚴聲勢宣洩張揚」，或「謬抬身價」。如前所述，處於第一線的採辦者往往並非正式官員，這其實極大地損害了其在採買木植時候的正當性形象。

簡言之，採辦人員在邊疆市場之所以頗多掣肘，一方面是由於身在遠地，言語習俗不通，國家力量相對薄弱也無從施展；另外一方面，也是更為重要的，則是其本身身份上的正當性缺失。這種缺失是隨著採辦的不斷深入而必然發生的。最具備官方身份的「委員」並非時時均在苗地，故而需要在當地主家面前宣揚委員之「聲勢」，並藉以自抬身價。故而，無論是外在大張旗鼓

〔註72〕卷三之十四〈致居停（六）〉。
〔註73〕卷三之十七〈致居停（十七）〉。
〔註74〕卷三之十七〈致居停（十七）〉。

的「豎旗」，〔註75〕還是暗地裏向「苗疆行家」及地方官吏送禮，〔註76〕其實都是缺乏依託的採辦者尋求支持的方式。同樣的，在這些行動之外，在話語的運用上，採辦者也在向各種規範性尋求支持，而所謂的「國家律法」未必不也是其尋求支持的對象。

　　因此，邊疆市場中採辦者之「術法」的邏輯其實已經大致清晰。在面對習慣權力時，作為話語存在的「國家律法」其實是被納入「術法」之中的，其表達往往是對正當性缺失的補足。國家律法在很大程度上僅作為支撐其正當性的諸多來源中的一種，與地方習俗、政府文書等等並列，而似乎並不享有何種特殊的角色。僅僅在特定的案件中，律法才可能直接發揮作用。而在大多數情況下，「國家律法」僅是非官方的採辦者口中筆下的正當性話語而已。

五、結　論

　　至此，基於《採運皇木案牘》抄本的記載，其所描繪的邊疆市場中的衝突治理及「國家律法」與「習慣權力」的形象已得展現。概而言之，在邊疆市場一側，習慣或習慣法的演進並非僅產生習慣權利，而也會結構出極為強有力的「習慣權力」。無論是對內還是對外，這一「權力」都呈現極為穩固的樣態，在根本上並未受到採辦皇木的衝擊。而在採辦人員一側，其得以完成採木任務的方式並非依賴於其本可依仗的國家律法，而是依據某種「術法」的邏輯。在採辦者進入邊疆市場後，其正當性的漸次貶損導致其必須尋求多層面的奧援，而國家律法僅僅在「補足」的意義上參與到了「術法」之中。

　　另外，如果基於以上認知再來重新審視《案牘》的文本，則不難發現，《案牘》遠非記述某幾次採木活動的歷史記錄。如前所述，依據無論是文本與抄本形成的時間間隔，還是其內在的文本結構，《案牘》都更接近於提供採木規程的行事指南。廣義上而言，《案牘》的內容其實是採辦者所曾採取的「術法」的歸總，而這對紛至沓來的後來者無疑是極為重要的參考文獻。

〔註75〕立關採買時，需要用大黃旗一面，用布六丈。參見卷一之一〈湖南解京例木〉。
〔註76〕如「苗疆行家十餘戶，每送鹽魚、煙等項」，「錦屏縣尉須送禮」，「在托口問候衙役，每人給米一升」，等等。參見卷一之十九〈托口〉。需要說明的是，此類禮金饋贈一類的記載在《案牘》中還有很多。

第二編

《採運皇木案牘》點校及箋注

凡　例

一、文字整理依「整舊如舊」之原則，原文中之俗體字、古今字、通假字、訛字及其他異體字等，均儘量依原文移錄；爲簡潔故，對於較爲常見且少疑義的異體字，徑在其後加註，並以六角括號標記之，不另行出校（如：「领〔領〕」）；另外，多次出現之字不重複標記或出校。

二、關於行文抬頭制度，文中凡遇「平抬」，則另起一行頂格表示；如遇「單抬」及「雙抬」等，則另起一行頂格外，加註「單抬」或「雙抬」等；行文中如遇「空抬」（「挪抬」），亦照空之（如：仰请　憲示）。又，行文凡遇低一格或二格書寫之處，在段首出註；篇章標題一般均低一格寫，不再出註。

三、原抄本中之單、雙行夾註，除改爲橫排外，仍以單、雙行小字排版，并以楷體表示（如：一切籚纜、人夫、食用、運費，俱在其內。）；個別三行並排之處，以單行楷體小字排版外，另行加註；遇以花碼計數，原抄本多雙行夾註，爲便於閱讀，改以單行楷體小字移錄。

四、校、箋列於每篇之後，連續編碼，不分別處理，惟箋註在所釋文字後加冒號「：」，而出校以則易以逗號「，」，以示區別；凡同一條目兼有校、箋者，依先校後箋，其間以「○」區隔之。

五、凡遇疊字，依原抄本照錄重文符號（「＝」）外，在其後加六角括號註明重文，如：「因＝〔因〕」、「竚切＝＝〔竚切〕」。

六、凡遇原抄本刪改字，依刪改後文字移錄，并出校記。

七、凡遇原抄本文字缺損但可推知者，予以補寫；無法辨識之處，字數可知的，以相應數目之「□」代之；字數多寡難以確知的，以「□……」代之。以上均出校記。

八、凡遇原抄本有意空省處，以方括號標記之，并據文意酌加解釋文字，如：「共約值銀［若干］兩」。

九、凡遇原抄本之符號，如「○○」，均照錄之。

十、原抄本除個別情況外，基本無分段，整理時原則上均照原有段落移錄，不另外分段。

十一、原抄本篇目多有自題標題，均徑依之；個別原無標題之篇目，則參酌首句，兼以篇章大意，新擬標題，并加釋明。又，卷二、三、四中之移文、書信等，原標題多有重複，故在針對同一受文者的篇目標題後加註序號，以示區別。

十二、箋注時涉及大量工具書的參考使用，爲避免冗雜，除專業性工具書外，一般性的語言類工具書（如《辭海》、《漢語大詞典》等）的使用，不一一註明，而於最末之「參考文獻」中統一列出。

卷 一

一、湖南解京例木

桅木〔1〕二十根，長六丈，頭徑一尺五寸，尾梢七寸，每根领〔領〕銀廿兩〔2〕。

共领銀〔3〕四百兩。

杉木三百八十根，長三丈〔丈〕，頭徑一尺三寸，尾梢七寸，每根领銀八两〔兩〕六錢六分六厘〔釐〕。

共领銀三千二百七十六兩三錢六分。

架木〔4〕一千四百根，各長三丈，圍圆〔圓〕一尺四、五寸，每根领銀一錢八分。

共领銀二百五十二兩。

桐皮杉槁〔5〕二百根，各長二丈五尺，圍圆一尺二、三寸，每根领銀一錢二分。

共领銀二十四兩。

以上〔6〕桅、杉、架、槁木，共计〔計〕二千根。

共领銀三千九百五十二兩三分六釐〔7〕一切篾纜〔8〕、人夫、食用、運费〔費〕，俱在其內。

—97—

皇木〔9〕委官〔10〕，扵〔於〕五月盡〔11〕委牌〔12〕到日，即領銀徃〔往〕
常德府德〔德〕山〔13〕開廠。選黃道日期，用猪〔豬〕首三牲祭祀。
立閞〔關〕〔14〕用行江〔15〕三名，脚〔腳〕船〔16〕一隻，用杉木一根
爲旗竿，照大黃旗一靣〔面〕，需用布六丈。立閞次日，例请〔請〕
德山、河洑、白馬渡〔17〕王客総〔總〕〔18〕行家〔19〕便酒飯〔20〕，開斧，
每百斧〔21〕二根。徽、臨兩帮〔幫〕〔22〕，每百根斧一根〔23〕；泥汊〔24〕
簰〔25〕，或二根、一根，相宜而行。便徃托口〔26〕立閞，再上黃寨、
毛坪，卦治荨〔等〕處〔27〕爲当〔當〕崗〔28〕處立閞，斧买〔買〕叚
〔29〕子杉木，竝採买桅木。德山架木发〔發〕一錢二分，槁木发價〔30〕
六分三釐；托口架木一錢二分，槁木六分。又有用木、招木〔31〕，发
價三分，名为〔爲〕「三搭價」。还〔還〕有用木無價。叚子木崗上不
過三兩以上，四兩以下。惟有桅木最所難得，價亦無㝎〔定〕，有十
兩以上的，有廿兩及三、四、五十餘兩的。總只要有買去，坎〔32〕青
山盤費浩大，多有坎青山，算来〔來〕不如買平水〔33〕的。

【校箋】

〔1〕桅木：據載，康熙時桅桿木料需求漸大，採辦例木中因之增加了用於製
　　作船隻桅桿的杉條木，稱爲「桅木」。參見王宗勳：《清水江木商古鎮——
　　茅坪》，貴陽：貴州民族出版社 2017 年版，第 53 頁。

〔2〕「廿兩」處，鈐有陽文篆字印一枚，印文爲「中國科學院圖書館藏」。

〔3〕「共領銀」段，低一格排。以下四段「共領銀」亦同。

〔4〕架，原抄本該字「力」部殘缺，據後文應爲「架」。○架木：支搭朋架所
　　用木植。《六部成語註解》：「架木，築造屋架之木也。」清制，各項工程
　　需用架木，採買後歲解至皇木廠，凡支搭如天棚及建築上用的各種棚架，
　　可由木倉支取架木，工竣歸還。參見內藤乾吉原校對、程兆奇標點、程
　　天權審訂：《六部成語註解》，杭州：浙江古籍出版社 1987 年版，第 156
　　頁；李鵬年、劉子揚、陳鏘儀編著：《清代六部成語詞典》，天津：天津
　　人民出版社 1990 年版，第 457～458 頁。

〔5〕桐皮杉槁：《六部成語註解》：「桐皮槁木，杉木之細而長者，曰杉槁。最佳

者皮細如桐，故有此名。」《本草綱目》:「其木有赤白二種，赤杉實而多油，白杉虛而乾燥。」桐皮杉槁係屬赤色杉木桿。參見內藤乾吉等:《六部成語註解》，第 156 頁；李鵬年等編著:《清代六部成語詞典》，第 458 頁。

〔6〕「以上」段，低一格排，較前後「共領銀」段稍高。

〔7〕三千九百五十二兩三分六釐，應爲「三千九百五十二兩三錢六分」。

案，前述桅、杉、架、槁木四項（領銀分別爲四百兩、三千二百七十六兩三錢六分、二百五十二兩、二十四兩），總計應爲「三千九百五十二兩三錢六分」，原文疑訛。且參見卷二之四〈移常德府（一）〉:「応領木價銀三千九百五十二兩三錢六分。」亦作「三錢六分」。「皇木案稿」稱:「共需木價，銀三千九百五十二兩零，俱第動支正項錢糧，按年辦解。」見潘志成、吳大華、梁聰編著:《清江四案研究》，貴陽:貴州民族出版社 2014 年版，第 5 頁。

又，此處「釐」字寫法形近「厄」，乃「釐」之俗字。該寫法之其他案例，可參見〈徽州俗字表〉，見方孝坤:《徽州文書俗字研究》，北京:人民出版社 2012 年版，第 209 頁。以下遇此徑錄爲「釐」。

〔8〕纜，原抄本寫近「缆」，唯「见」部作「見」，未盡一致，仍以「纜」移錄，下亦同。○篙纜:篙，《康熙字典》言「縴索」也，引船用器具。「篙纜」者，傅澤洪《行水金鑑》卷一百五十八載:「一船挽拽夫以百計，一夫工費，動以數錢，窮旗典鬻以償官。夫人力與水爭衡，篙纜中斷，前船橫下，後船互相磕撞，官儲民命，須臾歸之逝波，風急浪高，竟日不能移 舟。」

又，清漕費有「篙夫銀」，按漕糧實過壩正米核算，每石給篙夫銀一分。乾隆《大清會典》卷十三〈漕運〉:「按到通米數，每石給篙夫銀各有差。」又參見鄭天挺等主編:《中國歷史大辭典》（中），上海:上海辭書出版社 2007 年版，第 2551 頁。

此處之「一切篙纜、人夫、食用、運費」即對應本卷以下數篇所載，如〈托口至德山篙纜、工價等項〉及〈德山篙纜、人夫及飯食並需用毛竹各數〉。

〔9〕皇木，雙抬。

〔10〕委官:即專職官員。皇木委官，見如習水縣醒民鎮雷聲村所存之萬曆十三年（1585 年）「習水唐朝壩採皇木遺址石刻」，其上除橫書「皇木」二

字之外，左起直書「委官閩人吳文瀾書」，即是一例。參見遵義市政協文史與學習委員會編：《遵義歷史文化知識手冊》，北京：中國文史出版社2011年版，第87頁。

〔11〕月盡：指當月最後一日。明姚士粦《見只編》卷上：「爲軍丁月糧，先年月頭給放，不過初五，近年多在月盡或次月初方給。」關於「月盡」一詞，可參見于銀如、李青松：《晉西北方言所見〈金瓶梅〉詞語彙釋》，西安：太白文藝出版社2015年版，第356～357頁。

〔12〕委牌：清代文書名稱。「牌」或「牌文」，爲清代下行文書之一種，用於文武衙門非直屬之上下級官員之間，任用文武官吏的牌文，即稱爲「委牌」。《六部成語註解》：「委牌，督府委員辦理事務，例給札付，而將札文之語寫於木牌之上，懸掛衙署門首，俾眾共知，曰委牌。」參見李鵬年等編著：《清代六部成語詞典》，第81頁；內藤乾吉等：《六部成語註解》，第35頁。

〔13〕德山：今湖南常德德山，乃木商聚集之所在。沅水由貴州經常德德山入洞庭湖，據稱遠自北宋時期，即有官員派駐常德採辦木竹，至今常德仍留有「皇排港」、「皇木關」、「官碼頭」等地名。參見李生江編著：《辰河湯湯》，北京：中國文史出版社2014年版，第35頁。

〔14〕立關：關於「立關」之事，「皇木案稿」亦有記載：「在於德山河下紮排之處，豎立黃旗，上寫『採辦』字樣」。其描述與此處記述相類，可爲印證。見〈乾隆十一年（1746）湖南巡撫楊錫紱『爲嚴禁辦木累商之弊、以肅官常事』告示〉，載潘志成等編著：《清江四案研究》，第4頁。

又，關於「開廠立關」，可參見高笑紅：〈清前期湖南例木採運——以《採運皇木案牘》爲中心〉，載張新民主編：《探索清水江文明的蹤跡——清水江文書與中國地方社會國際學術研討會論文集》，成都：巴蜀書社2014年版，第617～620頁。

〔15〕行江：當指行江船工。本卷之二十〈抵灘〉有「自北河口做簰，行江工食米鹽菜，出自官項」。

〔16〕腳船：即小船。木排航行需要配備足夠的小艇，即「腳船」。參見植冠勳、何志紅編著：《內河船舶駕駛技術》，廣州：廣東科技出版社1991年版，第277頁。又，船隻種類關涉稅款，參見《大清會典則例》卷四十七及乾隆

《戶部則例》卷七十九。

〔17〕河狀、白馬渡：均爲木材集散地，參見尹紅群：《湖南傳統商路》，長沙：
湖南師範大學出版社 2010 年版，第 186 頁。

〔18〕客總：愛必達《黔南識略》卷二十：「城市鄉場，蜀、楚、江西商民居多，
年久便爲土著……貿易以趕場爲期，場多客民，各立客總，以約束之。」
清代對外來人口爲主的市場，從外來人口中選任「客總」、「場頭」對市場
進行管理，多爲會館領袖，亦稱「客長」、「總管」等，下文亦有「客首」
（卷二之十九〈示德山〉）。參見趙祿祥、賴長揚主編：《資政要鑒·經濟卷》
（下），北京：中國檔案出版社 2009 年版，第 735 頁。

在「清江四案」的「爭江案」中，〈爭江記〉中亦有「將錢去買總客商」、
「買得客總來引路」之句。參見單洪根：《木材時代：清水江林業史話》，
北京：中國林業出版社 2008 年版，第 87 頁。又，有版本作「買得總客來
引路」，見潘志成等編著：《清江四案研究》，第 31 頁。

〔19〕行家：本卷之二十五〈辦木條欵〉：「苗疆行家有十餘家……茅坪行家有
監生、生員。」行家作爲經紀，承接買賣，並提供相應服務。參見梁明
武：《明清時期木材商品經濟研究》，北京：中國林業出版社 2012 年版，
第 148 頁；胡鐵球：《明清歇家研究》，上海：上海古籍出版社 2015 年版，
第 68 頁。

〔20〕便酒飯：地方祠堂春、秋二祭風俗中，祭畢設宴，「有的設便酒飯，俗名
『祠堂酒』、或『祠堂飯』」。參見祝根山主編：《金華市風俗簡志》，金華：
浙江省金華市文化局 1984 年版，第 81～82 頁。關於請「便酒飯」，例見
浦琳《清風閘》第二十六回：「皮府請老哥今日便酒飯。」

〔21〕斧：本篇下有「斧買」，本卷之二〈德山立關需用各項〉有「斧記二把」。
「皇木案稿」記載立關後，「凡遇客商之木，每百根用斧印號三根」。據此，
「斧」者，乃「用斧印號」之略，指先用斧印（即「斧记」）標記木材，而
後號買或抽買木植。

斧印，又稱爲「山印」，類斧狀，其實是在鐵榔頭上安裝木製把手，通常一
端鑄有持有者的姓氏，另一端鑄有木商字號。木植砍伐後，用「斧印」在
木植上打上記號，便於辨認所有。參見〈乾隆十一年（1746）湖南巡撫楊
錫紱『爲嚴禁辦木累商之弊、以肅官常事』告示〉，載潘志成等編著：《清
江四案研究》，第 4～5 頁。

〔22〕徽、臨兩帮：在清水江流域一帶從事木材貿易的商人有所謂的「三幫」、「五勷」。前者指徽州（安徽）、臨江（江西）和陝西的商幫，所謂「徽、臨兩帮」即屬其中。至於後者，一說是指湖南的常德、德山、河佛（或作「河狀」、「河伏」）、洪江、托口，一說爲天柱縣之遠口、坌處爲一勷，白市、牛場爲一勷，金子、大龍爲一勷，冷水溪、碧湧爲一勷，托口及辰沆爲一勷。而總歸以貴州天柱及湖南木商合稱爲「五勷」。參見貴州省編輯組編：《侗族社會歷史調查》，貴陽：貴州民族出版社 1988 年版，第 32 ～33 頁。

〔23〕每百根斧一根：本卷之十九〈托口〉載：「徽、臨兩帮簰，每百斧一根。如係河狀行內買就之木，行家原有，每百二根繳官」，可相印證。

〔24〕汊，原抄本該字右部形爲「义」。○泥汊：長江下游支流有泥汊河，爲清代竹木運輸水道。設有無爲州泥汊巡司，今在安徽省無爲縣泥汊鎮。乾隆《江南通志》卷二十七〈與地志〉：「泥汊河鎮州南四十里有巡司。」亦參見鄧亦兵編著：《清代前期商品流通研究》，天津：天津古籍出版社 2009 年版，第 179～180 頁。

〔25〕簰：同「排」，即「簰筏」（《方言》郭註：「木日簰，竹日筏」）。將杉木編成木排運輸，清水江流域有「放排」之稱。亦稱作「放簰」，例見譚延闓：〈關於唐晉放簰案的批示〉，載周秋光主編：《譚延闓集》（第 1 冊），長沙：湖南人民出版社 2013 年版，第 34～35 頁。

〔26〕托口：在今湖南省懷化市托口鎮，與德山同爲沅水流域重要的木材集散地。乾隆《沅州府志》卷八〈市鎮〉：「托口市在縣南四十里原神里，爲渠水入沅之地，上通貴竹苗峒，巨木異材奏集於此，官之採辦與商之貿販者，皆就此估直以售，編筏東下。故市儈持籌與傭夫邪許，日喧聞不絕。」

〔27〕黃寨，疑訛，應爲「王寨」。○黃寨、毛坪、卦治等處：王寨、毛坪（即「茅坪」）、卦治合稱「三寨」、「三關」，均在今錦屏縣，是其時清水江下游的木材交易中心，自雍正時期起即輪流當江接待買賣客商，主持木材貿易，亦稱之爲「三江」，下文亦多涉及。參見潘志成等編著：《清江四案研究》，第 9 頁。

〔28〕当崗：即「當江」，指清前期形成的由「三江」輪流執掌木材貿易的制度。卷二之二十二〈示王寨〉載：「本年輪応王寨当崗」，即是例證。關於「當江」，參見張應強：《木材之流動：清代清水江下游地區的市場、權力與社

會》，北京：生活・讀書・新知三聯書店 2006 年版，第 50 頁及以下；王宗

勳：《清水江木商古鎮──茅坪》，第 53 頁。

〔29〕叚，應爲「段」，亦作「斷」。「叚」字本同「假」，因形近而常與「段」相
混。如「段祺瑞」，即有作「叚祺瑞」者，見中國國民書局編：《中國近世
名人小史》，上海：中國國民書局 1927 年版，第 12 頁。「段」的其他俗字，
亦見〈徽州俗字表〉，方孝坤：《徽州文書俗字研究》，第 209 頁。

〔30〕发價：係相對於「定價」而言。「定價」指前述木植規格中所定之應領銀價，
如卷二之一〈稟藩憲〉：「如架木之價一錢八分，槁木之價一錢二分，向在
托口、德山二處，抟經過商販中分別抽買，酌量发價，亦可抟乞價內稍为
節省，以資雜用。」此處「发價」均較「定價」爲低。

〔31〕用木、招木：按《錦屏縣林業志》載：圍度約 1 尺 4 寸到 1 尺 6 寸，且不
足丈桿、彎曲的木植，常用作加工木排大招，故稱爲「招木」、「用木」。參
見《錦屏縣林業志》編纂委員會編：《錦屏縣林業志》，貴陽：貴州人民出
版社 2002 年版，第 260 頁。

〔32〕坎，應爲「砍」。

〔33〕青山、平水：據〈黔東木業概況〉總結，黔東木材採購有數種情形，「須
視進貨之類別而區分之」，「進貨大別可分爲三種」：一，青山（即成林之
杉樹）；二，望江（即期貨交易）；三，平水（即浮在水上之木材，可現貨
交易）。參見胡敬修：〈黔東木業概況〉，《企光月刊》1941 年第二卷第三
期，第 41 頁。

二、德山立闕需用各項〔1〕

旂〔2〕竿一根；旂繩一根；木鈴〔3〕一個；銅鑼〔4〕一面；三牲一付；
黃旂一面；小黃旂一面船上用；脚船一隻；斧记〔記〕〔5〕二把；四眼鉄
〔鐵〕炮〔6〕一個；火藥；挽子〔7〕二把；鉄千〔8〕一把；燈籠一对〔對〕；
大鍋一口；小鍋一口；鍋盖〔蓋〕二個；大甑〔9〕一個；飯桶一個；茶
桶一個；面盆四个〔個〕；脚盆四個；水桶一担〔擔〕；裝〔裝〕水大
桶二个；水瓢三把；筷子三把；飯碗二十個；菜碗廿個；茶杯廿個；菜
刀一把；鍋鏟一把；火鍼〔針〕〔10〕一把；鉄燈盞二個；夾〔夾〕剪一
把；棹〔桌〕子〔11〕四張；小棹二張；板櫈〔凳〕十六條；床十二張；

算盤一面〔12〕；茶壺一把。托口照樣。〔13〕

【校箋】

〔1〕德山立關需用各項：本篇接續上篇，羅列於德山立關時所需用諸物品。本卷之一〈湖南解京例木〉：「選黃道日期，用猪首三牲祭祀。立關用行江三名，脚船一隻，用杉木一根爲旗竿，照大黃旗一面，需用布六丈。」與本篇所述之「旂竿」、「旂繩」、「三牲」、「黃旂」、「脚船」等物略相對應。

〔2〕旂，《說文解字》：「旗有衆鈴，以令衆也」；《爾雅·釋天》：「有鈴曰旂」，《註》：「縣鈴於竿頭，畫交龍於旒」。「旂」與「旗」本略有區別，但此處應同「旗」，下「旂繩」、「黃旂」等亦同；除上篇之「旗杆」、「大黃旗」，原抄本之「旗」一般均寫作「旂」。

〔3〕木鈴：麟慶《河工器具圖說》卷四〈儲備器具〉：「承繩之處，名『木鈴鐺』。」又言：「椿頭繫以木鈴，貫以長索。」本卷之十二〈做簿滇用各項〉有「鈴鐺十二個」，亦當指此。

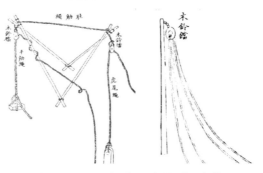

（《河工器具圖說》「木鈴鐺」圖）

〔4〕銅鑼：麟慶《河工器具圖說》卷一〈宣防器具〉：「〔銅鑼〕定例每堡各設兩面，有工之處不拘多寡。」

〔5〕斧记：即「斧印」，註見上篇。

〔6〕四眼鉄炮：《大明會典》卷一百九十三〈火器〉載錄有「四眼鐵槍，嘉靖二十五年造」，又有「十眼銅銃」、「七眼銅炮」、「十眼銅炮」。另查《中國火器通史》，「四眼鐵炮」亦未見記載。參見王兆春：《中國火器通史》，武漢：武漢大學出版社2015年版，第604～606頁。

案，「銃、炮」常做古代管狀射擊火器之概稱，例可見邱濬《大學衍義補》卷一百二十二：「近世以火藥實銅、鐵器中，亦謂之炮，又謂之銃」。「銃、

槍」二者，亦常有混用。如前《大明會典》卷一百九十三〈火器〉載：「無
敵手銃，即神槍，但稍長，重十六斤。」故，此處之「四眼鐵炮」，或即「四
眼鐵槍」或「四眼鐵銃」。明四眼鐵銃，銃身由四管合造成田字形，每管均
有火門，裝填一次可發射四次，以尾鏊安裝木柄。其圖可見沈融編著：《中
國古兵器集成》（下），上海：上海辭書出版社 2015 年版，第 1205 頁。

關於「銃、炮、槍」的相關討論，見趙翼之《陔餘叢考》卷三十〈火炮火
槍〉。三者具體區別可參見鐘少異：〈銃、炮、槍等火器名稱的由來和演變〉，
載氏著：《古兵雕蟲：鐘少異自選集》，上海：中西書局 2015 年版，第 280
～292 頁。

〔7〕挽子：即「挽篙」，放排工具，「行排時可打釘點劃，還可以啄樹、摳排釘，
一物多用」。篙子係「撐船工具」，「用篙支撐河底使船前進，篙身為順直的
杉木圓條或竹竿，長 5～10 米不等，通常在下端包上鐵製的篙鉆」。「挽篙」
的特點是，其「篙鉆有兩個鉆尖，一橫一豎，互成直角，橫鉆尖的尖部并
向上彎曲」，其作用在於「既能在泥沙底航道撐船前進，又能鉤住鄰船或岸
邊物體使船行進」。上引文及下圖，參見陳揮中：〈牛拖樹與放木排〉，載《梅
縣文史資料》（第 14 輯），梅縣：中國人民政治協商會議廣東省梅縣市委員
會文史資料研究委員會 1988 年版，第 130 頁；《水運技術詞典》編輯委員
會編：《水運技術詞典·古代水運與木帆船分冊》，北京：人民交通出版社
1980 年版，第 165 頁。「挽子」條，亦見許寶華、宮田一郎主編：《漢語方
言大詞典》（第四卷），北京：中華書局 1999 年版，第 4737 頁。

（「挽子」圖）

又，《大明會典》中記載有「挽子」，見《大明會典》卷二百〈船隻〉：「四
百料淺船……船上什物：……挽子一把」；「遮洋船……船上什物：……挽
子二把。」此外，明席書《漕船志》卷三亦有載。

〔8〕鉄千：應即「鐵釺」。

〔9〕甑：應即「飯甑」，蒸飯用具，常用杉木製成。

〔10〕火鍼：李時珍《本草綱目·火鍼》：「火鍼者，《素問》所謂燔鍼、淬鍼也，
張仲景謂之燒鍼，川蜀人謂之焠鍼。……其鍼須用火箸鐵造之為佳。」

〔11〕棹子：「棹」字，一指划船工具，一同「桌」字。案，其同「板櫈十六條」

同列；又，本卷之九〈神篷敬神需用各項〉有「黃布龍棹圍一条」，當同「桌」字，此處及下文「小棹二張」亦如是。

〔12〕算盤一面：麟慶《河工器具圖說》卷一〈宣防器具〉：「會計所必需，而河工估核工料，尤爲要具。」

〔13〕托口照樣：本卷之一〈湖南解京例木〉：「便徃托口立關」，此處意即托口立關需用各項與德山立關同。

三、托口至德山篁纜、工價等項

黃篁〔1〕每百觔〔斤〕，〔2〕價銀四錢，每招〔3〕用一百觔。

犁纜〔4〕每一根，價銀一錢二分，每一招用一根。

记水〔5〕每一根，價銀八錢，每二招用一根。

榔頭每一個，價銀二分，每招用一个。

撬棍〔6〕每一担，價銀二分，每招用一担。

科椿〔7〕每個，價銀二分，每招用一個。

暗犁每根，價銀二分，每招用一根。

穿犁每根，價銀一分，每招用四根。

托口放簰，每招工價銀一兩八錢 ^{神福〔8〕一錢、香纸〔纸〕、茶、塩〔鹽〕、米}_{五斗、回頭米〔9〕一斗、酒二斤、肉一斤。}

放簰至托口所需篁纜，係托口帶〔帶〕去，其工價臨时〔時〕酌辦。

【校箋】

〔1〕黃篁，即「黃纜」，本卷之三〈德山篁纜、人夫及飯食並需用毛竹各數〉：「黃纜六十五根」，應即同「黃篁」。黃纜爲竹纜（或稱「篾纜」）之一種，竹纜能承受較大的拉力，經久耐用，常用以拖拽船隻，編紮木排等。〈錦屏縣竹纜社始末〉載：「黃纜，長 100 米，專用於紮木排」。見饒有生主編：《黔東南苗族侗族自治州志·輕紡工業志》，貴陽：貴州人民出版社 2005 年版，第 165 頁。關於黃纜拉力的技術數據，亦見〈幾種竹纜拉力〉，載祁濟棠等編著：《木材水路運輸》，北京：中國林業出版社 1995 年版，第 257 頁。

〔2〕「每百觔」後，原文此處及「每招」前均有空格，據之加逗號區隔；下文每
段「價銀」前、「每招」前均如是。

〔3〕招：卷三之三十一〈致居停（十一）〉：「桅八根、段十六根爲一招。」
又，「排招」，亦稱「簑招」，主要是在人力放排時掌握航行方向的專用工
具，由招把、招架和招葉三部分組成，安設在木排的頭部或者尾部。參見
黃德才編：《木材水運工藝》，北京：中國林業出版社 1991 年版，第 155
～156 頁。由於每個排上均設有「招」來控制運行方向，這種原木排便又
稱爲「小招排」。參見東北林學院主編：《木材運輸學》，北京：中國林業
出版社 1986 年版，第 359 頁。

〔4〕犁纜：與「木犁」搭配使用，可用於吊排。在木排尾端用硬樹棍一根，「並
用三花蔑纜紮好，在排尾中段斜插入水中，俗稱『木犁』，此木犁的安裝，
主要便於夜間停泊，或到達碼頭需固定時應用」，屬於制動和操縱木排的
設備。麟慶《河工器具圖說》卷二〈修濬器具〉：「在岸以木犁插土收勒
繩纜，亦名犁。」參見黃福元：〈民國時期瓜源的木竹砍伐與運輸〉，及
劉愛輝、陳長生：〈蔑纜的生產與運用〉，載《林海春秋：武寧文史資料
第五輯（林業史專輯）》，武寧：武寧縣政協文史資料研究委員會、武寧
縣林業局 1993 年版，第 163、237 頁；植冠勳等編著：《內河船舶駕駛技
術》，第 275 頁。

〔5〕记水：套排的纜繩稱之爲「記水」。參見田發剛、譚笑編著：《鄂西土家族
傳統文化概觀》，武漢：長江文藝出版社 1998 年版，第 188 頁。

〔6〕撬棍：編排所用，稱爲「撬紮」，即所謂「纜圈撬子編排法」，據稱「每一
個排就需要撬棍 65 支」。參見樹海編：《南方林區木排紮運技術彙編》，北
京：森林工業出版社 1957 年版，第 49 頁；江澤慧等著：《中國林業工程》，
濟南：濟南出版社 2002 年版，第 137 頁。

〔7〕科椿：本卷之六〈簰上需用各項雜木〉：「科椿十四個，用楓木，長七尺，
圍圓一尺五寸。」

〔8〕神福：一般即指「紙馬」一類，舊時祭神所用之印有神像的紙。本卷之
九〈神篷敬神需用各項〉：「㐌馬二百付。」但在湖南水運行業中，又有
「造船神福」、「開江神福」或「開頭神福」、「過灘神福」、「到岸神福」
等習俗。參見萬里主編：《湖湘文化大辭典》（下卷），長沙：湖南人民出
版社 2006 年版，第 1352、1354 頁。此種習俗，即稱作「做神福」，參見

常州市木材公司編：《常州市木材志（1800～1985）》，常州：常州市木材公司 1986 年版，第 124 頁。

另外，又有指爲敬神所用之豬肉或豬首者。參見懷化大辭典編輯委員會編：《懷化大辭典》，北京：改革出版社 1995 年版，第 645 頁。

〔9〕回頭米：卷三之三〈致宋公（一）〉：「若係十五、六日到，即將餘米扣算回頭米內加豆一斗之數。」查沅水放排風俗有「回頭宴」，木排平安到達後，排客辦「回頭宴」以示慶賀。參見萬里主編：《湖湘文化大辭典》（下卷），第 1352 頁。

四、托口至掛治〔1〕路程

托口 二十里　大龍〔2〕 五里　金子〔3〕 十里　甕洞〔4〕 五里　句潭〔5〕 五里 金溪口〔6〕 十里　白巖塘〔7〕 十里　滕洞〔8〕 十里　牛場〔9〕 五里　中團〔10〕 五里　盧茲〔11〕 五里　雲塘堮〔灣〕〔12〕 五里　遠口 五里　新市〔13〕 五里　茱溪〔14〕 五里　三门〔門〕塘〔15〕 五里　岔〔16〕 處 共計一百廿里水路〔17〕，天柱縣屬十五里　茅坪 十五里　平寨〔18〕 十五里　掛治

【校箋】

〔1〕掛治，即「卦治」。

〔2〕大龍：即「大壠」，今湖南懷化大壠鄉。

〔3〕金子：即「金子口」。

〔4〕甕洞：今貴州黔東南瓮洞鎮。

〔5〕句潭：今貴州黔東南巨潭村。

〔6〕金溪口：今貴州黔東南金鸡村。

〔7〕白巖塘：即「白岩塘」，光緒《續修天柱縣志》卷二〈地理志〉：「白岩塘渡，在城東六十里。」今「白市鎮」，《天柱縣志·天柱縣全圖》作「白市場」。參見秦旭：〈天柱縣木業沿革概況〉，載《黔東南文史資料》第 10 輯（林業專輯），黔東南：黔東南州政協文史資料委員會 1992 年版，第 230 頁。

〔8〕滕洞：應即「埂洞」。有歌謠云：「上河下河都不怕，單怕埂洞野豬岩。」參見《錦屏縣林業志》編纂委員會編：《錦屏縣林業志》，第 252 頁。又，

依《天柱縣志・天柱縣全圖》，或應作「等口」。

〔9〕牛場：光緒《續修天柱縣志》有「牛場寨」，屬「由義里」，「在縣東南八廣
　　　十里」。

〔10〕中團：光緒《續修天柱縣志》有「中團寨」，屬「興文里」，「在縣東廣七十
　　　里」。

〔11〕盧茲：即「鸕鷀」，康熙《天柱縣志》有「鸕鷀寨」，屬「興文里」，「在縣
　　　東廣七十里」。參見王復宗纂修：《天柱縣志》（康熙二十二年刻本），臺北：
　　　成文出版社 1968 年影印版，第 170a 頁。現天柱縣遠口鎮有「鸕鷀村」。

〔12〕雲塘塃：應即「雲塘灣」，光緒《續修天柱縣志》有「雲塘灣」，亦屬「興
　　　文里」。

〔13〕新市：光緒《續修天柱縣志》有「新市鎮，在城北七十五里」。

〔14〕茮溪：光緒《續修天柱縣志》卷二〈地理志〉：「茮溪渡，在城東六十里。」

〔15〕三門塘：光緒《續修天柱縣志》卷二〈地理志〉：「三門塘渡，在城東六十
　　　里。」

〔16〕岔，應爲「坌」，即「坌」處。

〔17〕一百廿里水路：計算前述路程里數，共計一百一十五里，未達一百二十里
　　　之數。

〔18〕平寨，疑訛，應爲「王寨」。

五、德山篁纜、人夫及飯食並需用毛竹各数〔數〕

黃纜六十五根，每根長一扛〔1〕，用竹廿根，每日人工七名，卅〔2〕
日做成。每工一百，工銀二分九扣〔3〕。每名日食米一升五合〔4〕，给〔給〕
錢二文，此係准帶雜木工價，以下同此。

艸〔草〕把繩〔5〕一根，長廿五扛，用竹七百五十根，每日人夫四
名，卅日做成。

技胸纜一根，長七扛，用竹一百四十根，每日人夫五名，七日做成。

偏徑纜〔6〕五根，共長七扛，用竹一百根，每日人夫四名，六日做
成。

　　提描纜〔7〕一根，長六扛，用竹一百五十根，每日人夫五名，七日做成。

【校箋】

〔1〕扛：爲纜繩之單位。篾纜打好後，捲成捲，一捲叫作「一扛」。參見江西省遂川縣林業志編纂委員會編：《遂川縣林業志（1995～2006）》，南昌：江西人民出版社 2007 年版，第 257 頁。湖南陬市做筏用纜時，「每扛九十丈」。如「黃壇（篾）纜，是另碎用纜，十八至二十扛，每扛長九十丈」。參見常州市木材公司編：《常州市木材志（1800～1985）》，第 136 頁。例又如「水面、水下縴繩用兩扛（即一根用四人抬的）篾鏈」，又有「兩扛鏈 1 根」云云。見林業部經營利用司編：《1958 年木材採運的技術革新》（第 2 輯・木材水運），北京：中國林業出版社 1959 年版，第 48～49 頁。

〔2〕丗，該字同「世」，爲「卅」、「一」合寫，此處即意爲「卅一」。

〔3〕九扣：即每百扣十，下文如「九六扣」，意即每百扣四。以銀「二分」爲例，「九扣」即「一分八釐」。如「羊城瑣紀」載：「凡售貨銀一兩，實收九錢六分，謂之『九六扣』。」參見林忠佳、張添喜主編：《〈申報〉廣東資料選輯（六）》（1902.1～1907.6），廣州：廣東省檔案館 1995 年版，第 37 頁。

〔4〕合：容量單位，爲「升」的十分之一。《漢書・律曆志》：「十合爲升。」清代衡量糧米之單位，分爲「斛、石、斗、升、合、勺、抄、撮」，均爲十進制。參見李鵬年等編著：《清代六部成語詞典》，第 133 頁。

〔5〕艸，同「草」。本卷之十二〈做簰湏用各項〉有「做簰草把纜」，「艸把繩」、「草把纜」，二者同。○艸把繩：爲竹纜之一種。編造竹纜，應先由竹匠將竹分爲四片，按所需厚薄削爲竹片，再撕成篾篾，劈去角節，撕去青皮黃心，最後在纜架上打成各類竹纜。竹纜種類繁多，其中七花和六花者，稱爲「草把」。下有「行江纜」（本卷之十三〈廠內變賣各物〉），即爲其中大者。參見李文海主編：《民國時期社會調查叢編・鄉村社會卷》（二編），福州：福建教育出版社 2014 年版，第 646 頁。亦作「操把纜」，見於陳潢《天一遺書・木龍格式》。

〔6〕偏徑纜：即「邊經纜」，在木排兩邊，各有一條縱向的纜索，即爲「邊經纜」，其是爲加強木排的縱向強度並供操縱之用。參見植冠勳等編著：《內河船舶駕駛技術》，第 275 頁。

〔7〕描，應爲「錨」。○提描纜：應即提錨纜索，宋應星《天工開物》卷中〈漕
　　舫〉：「風息開舟，則以雲車絞纜提錨使上。」

六、簲上需用各項雜木

撬棍一千根，長四尺，圍圓四、五寸。

小松雜木七十根，長二丈二尺，圍圓一尺至尺三、四寸。

絞〔絞〕棍〔1〕十六根〔2〕，用櫃〔檀〕木，每根長八尺，圍圓一
尺。

天餓〔3〕一根，或松木、楓木，長二丈六尺，圍圓四尺。

梢餓一根，或松木、楓木，長二丈三、四尺，圍圓三尺。

紅〔紅〕門〔4〕用松木一根，長二丈，圍圓二尺四、五寸。鋸斷〔斷〕
兩用。

津注用松木一根，長二丈四尺，圍圓兩尺。鋸斷兩用。

滴〔滴〕水用松木一根，長二丈六尺，圍圓二尺五寸。鋸斷兩用。

八字〔5〕用松木一根，長二丈四尺，圍圓一尺八寸。

車心〔6〕用松木一根，長二丈三尺，圍圓五尺。鋸斷做車心，一做
童子欞〔7〕。

車担〔8〕用櫃木八根。

笠欞四個，用松木、楓木，長三丈，圍圓三尺。鋸斷兩用。

扇把木一根，用楓木，長二丈二尺，圍圓一尺五寸。要好、直的。

科椿十四個，用楓木，長七尺，圍圓一尺五寸。

水犁錨〔9〕五口，用櫃木。

大犁錨一口，長一丈，圍圓一尺。

二錨二口，長九尺，圍圓一尺五寸。

行錨一口，長六尺五寸，圍圓一尺四寸。

　　錨扁担〔10〕五根，用櫄木，長一丈，圍圓一尺一寸。

　　腰捶〔11〕二個，用楓木一段〔12〕，長二尺四寸，鋸兩用。

　　槨木廿個，用櫄木做。

　　錨兒梁一個，用担木〔13〕，長七尺。

　　虎尾〔14〕一根，用雜木，長三丈五尺，圍圓三尺八寸。

　　前後鞍用松枋〔15〕二塊，長一丈六尺，鋸兩用。

　　野鵁〔鳩〕臺〔臺〕，用松板五塊，長一丈五尺。

　　神仙臺，用松板五塊，長一丈五尺。

　　鋪漲船〔16〕，用松板十塊；梁梯〔17〕用松板二塊。

　　骹箍〔箍〕四段，用担木，每段長五尺，圍圓三尺五寸。

　　桅梢水一根，用架木；漲順身〔18〕四根，用槁木。

　　燕尾四根，用槁木；户〔戶〕橈一根，用槁木。

　　櫓四段，用架木二根；槳四把，用招做。

　　凡買〔19〕毛竹、松板、担木、雜木及看楠木價銀，或用纹〔紋〕銀〔20〕，或用元絲〔21〕，均有扣折，湏〔須〕先说〔說〕明，方行議改，不致欺矇。

【校箋】

〔1〕絞棍：搭木排時用，「每節距排頭2市尺處，以硬木爲絞棍，以木釘連竹圈釘在絞棍左右（同一條木）連成排」。參見大埔縣銀江鎮志編纂委員會、大埔縣地方志編纂委員會辦公室編：《大埔縣銀江鎮志》，梅州：大埔縣銀江鎮志編纂委員會、大埔縣地方志編纂委員會辦公室1996年版，第51頁。

又，亦有轉動絞架之絞棍，參見零陵地區交通志編纂辦公室編：《零陵地區交通志》，長沙：湖南出版社1993年版，第229～230頁。

〔2〕根，原抄本「根」字上似有改寫痕跡。

〔3〕天戧：麟慶《河工器具圖說》卷三〈搶護器具〉：「天戧、地犁均爲扣帶繫
龍大纜之用。天戧以二尺四木爲之，長二丈，大頭小尾，銳首，旁加管楔
平斜入地五尺。……戧則腰尾各簽一椿，用纜穩住，使不搖動。」

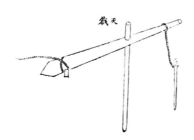

（《河工器具圖說》「天戧」圖）

〔4〕紅門：即「鴻門」。車心前置的橫木，貼紅紙橫幅「　路福星」，兩邊柱
上貼對聯，如「鼓響風平浪靜、鑼聲海晏河清」。開排前的典禮，即爲「開
鴻門」。參見常州市木材公司編：《常州市木材志（1800～1985）》，第 123
頁。亦有稱「紅門」者，參見陳約三、方樹培、沈芷痕：〈鎮江木業史略〉，
載《鎮江文史資料》（第 6 輯），鎮江：中國人民政治協商會議江蘇省鎮
江市委員會文史資料研究委員會 1983 年版，第 81 頁。

〔5〕八字：下文有「八字架」，見本卷之十二〈做䕯滇用各項〉：「支八字架用
叚木梢。」

〔6〕車心：即「車軸」，參見藍寶鎮、陶紹棣編：《南方林區木材生產技術手
冊》，北京：中國林業出版社 1958 年版，第 74～75 頁。又爲頭筏上「盤
絞車」之代稱，乃加速木排前進及控制左右方向之主要工具，八角形，
裝置在木排上。參見常州市木材公司編：《常州市木材志（1800～1985）》，
第 121～123 頁。「收纜車」上之「車心」，參見林業部經營利用司編：《1958
年木材採運的技術革新》（第 2 輯・木材水運），第 135～136 頁。

〔7〕㯢，其字下半部有缺，後文有「笠㯢」，据之補。○童子㯢，應即「童子
類」。陳潢《天一遺書・木龍格式》：「龍頭前用木二根，油紅色。封稍處
用木四根，油紅。萬年椿之前，名曰『童子類』，名曰『萬年椿』，用旗
杆二根，有旗二面，頭稍分。」

又，㯢，有「眠（眼）㯢」，「用以拴纜繩固定座排」；又有「㯢枕」、「倒梢
㯢」。參見林業部經營利用司編：《1958 年木材採運的技術革新》（第 2 輯・
木材水運），第 122～125、130～131、134 頁。

〔8〕「車担」段，低一格排。○車担：車構件，參見史濟彥、肖生靈：《生態性
採伐系統》，哈爾濱：東北林業大學出版社 2001 年版，第 248～249 頁。

〔9〕犁錨：即單臂錨，「內河船舶多用之於靠岸停泊時設置臨時繫結點」。參
見關騰飛、梁偉民主編：《船舶管理》，大連：大連海事大學出版社 2001
年版，第 57 頁。

〔10〕錨扁担：木錨構件，參見林業部經營利用司編：《1958 年木材採運的技術
革新》（第 2 輯·木材水運），第 134 頁。

〔11〕搥，或爲「槌」。

〔12〕段，此處同「段」。

〔13〕担木：有「橫擔木」，參見麟慶《河工器具圖說》卷三〈搶護器具〉：「橫擔
木三，以便人夫上下。」

〔14〕虎尾：麟慶《河工器具圖說》卷四〈儲備器具〉有載麻繩名爲「虎尾」者：
「極粗麻繩，名曰『虎尾』。」

〔15〕松枋：板、枋材爲原木經過加工後的成材，寬度爲厚度的三倍及以上者爲
板材，寬度不足厚度的三倍者爲枋材。按樹木種類分，有杉板、杉枋、松
板、松枋。參見賈奎連主編：《糧食加工廠設計與安裝》，成都：西南交通
大學出版社 2006 年版，第 60 頁。又，卷三之九〈致居停（四）〉、二十八
〈致居停（十）〉，均提及「枋料」，當即指「枋材」。

〔16〕漲船：《大清會典則例》卷四十七〈關稅上〉：「漲船，每船納銀一兩。」
又，顧炎武《天下郡國利病書》冊三十四：「木簰無漲船不料，漲船料如
常船。」
又稱「杖船」，「推杖時以之牽帶杖片用」，可以拖帶木排。參見常州市木
材公司編：《常州市木材志（1800～1985）》，第 137 頁。或「丈船」，係木
排行進的引導船隻。本卷之二十一〈每筏应用各物〉：「自北河開江進口，
需漲船一隻」，即指此。參見陳約三等：〈鎮江木業史略〉，第 81 頁。

〔17〕梁梯：即「梁梯木」，參見林業部經營利用司編：《1958 年木材採運的技術
革新》（第 2 輯·木材水運），第 131 頁。

〔18〕漲順身：當指漲船之「順身梁」。元沙克什《河防通議》卷上〈造船物料〉
載：「順身梁二條，長一丈四尺，闊五寸，厚四寸。」

〔19〕「凡买」段，低一格排。

〔20〕紋銀：清代通行的一種標準銀兩，成色佳，以大條銀或碎銀鑄成，形似
　　　馬蹄，表面有皺紋，故稱「紋銀」或「馬蹄銀」。《清朝文獻通考》卷十六
　　　〈錢幣考〉：「凡一切行使，大抵數少則用錢，數多則用銀。其用銀之處，
　　　官司所發，例以『紋銀』。至商民行使，自十成至九成八成七成不等，遇
　　　有交易，皆按照十成足紋遞相核算。」其時認爲紋銀成色很高，故有「十
　　　成足紋」之稱。近代化驗，紋銀成色爲 93.5374‰，較之各地流通的寶銀
　　　成色爲低。

〔21〕元絲：即「元絲銀」。《清朝文獻通考》卷十六〈錢幣考〉：「今民間所有，
　　　自各項紋銀之外，如江南浙江有元絲等銀。」帶「絲」字者，一般按照成
　　　色定名。丁履恆〈錢幣議〉：「今日上下通行之銀，謂之『紋銀』，自足色
　　　以至九二三成不等。民間市用之銀，謂之『元絲』，自九五以至七八成不
　　　等。其鑽鉛灌銅僞造者，又不在此數。若夫稱銀之平，所至之處，各自不
　　　同。每銀一兩，輕重相懸，至於六七分不等，每百兩即相懸至於六七兩，
　　　雖官府不能比而一之。」（載《皇朝經世文續編》卷五十八〈戶政三十‧
　　　錢幣上〉）一般而言，寶銀折合紋銀需升水計算。參見陳峰、蔡國斌：《中
　　　國財政通史（第七卷）清代財政史》（上），長沙：湖南人民出版社 2013
　　　年版，第 664 頁。

七、簰上頭人、水手工價銀数（俱准帶雜木）〔1〕

　　打鼓〔2〕工價銀五兩；扶頭船工價銀四兩五錢；拏犁頭工價銀三兩
五錢；開簰頭人〔3〕工價銀三兩；神祝頭工價銀二兩五錢；脚船頭人工
價銀二兩五錢；水手四十名，每名工價銀式兩四錢。

　　以上〔4〕共四十六名，每名每日给米一升〔升〕五合；共给肉二百
六十四斤，每名六斤算；〔5〕共给盐十二包，四人共一包算；〔6〕共给酒
式百六十四斤，每名六斤算；〔7〕共给油一百卅八斤，每名十二兩算。〔8〕

　　廠內〔9〕每月逢初二、十六日，每名賞〔賞〕酒半斤，肉四兩。

　　廠內每日需夫廿名，內拨〔撥〕一名夜守水，日在廠，做雜工一，
拨火水一名，打雜賞作一名，餘十五名係打篁纜工匠。〔10〕

【校箋】

〔1〕俱准帶雜木，原抄本未作小字註釋處理，括號據文意加。

〔2〕打鼓：即「打鼓老」。卷四之三〈致居停（十三）〉：「包頭及打鼓老最關最緊要，必擇其家道殷实，而又老成者为主」；卷四之十五〈致居停（十八）〉：「并知包頭、打鼓老均得妥人为慰。」又作「打鼓佬」，即導航員，以擊鼓指揮行排，故名。因其乃行排的總指揮，責任爲重，收入也最高。參見常州市木材公司編：《常州市木材志（1800～1985）》，第 122～124 頁。

〔3〕開簰頭人：放排夫幫中分「排頭工」、「解箱工」和「撩梢工」，其中「排頭工」放運木排技術最爲爛熟，「解箱工」次之，「撩梢工」又次之。其所得亦依次有所區別。而所謂「開簰頭人」，應指排工之首。參見《錦屏縣林業志》編纂委員會編：《錦屏縣林業志》，第 248 頁。

〔4〕「以上」段，低一格排。

〔5〕「共给肉」句：若以每名六斤計算，四十六名則應爲二百七十六斤；以二百六十四斤計，則每名約分爲 5.74 斤，約爲六斤。

〔6〕「共给盐」句：若按每四人一包，則當共 11.5 包，約爲十二包。

〔7〕「共给酒」句：計算同「共給肉」句。

〔8〕「共给油」句：若以一百三十八斤計算，四十六名則應爲每名三斤，而非「十二兩」。

〔9〕「廠內」段，低一格排。下「廠內」段亦同。

〔10〕「廠內每日需夫」句：此句殊難句讀。按句意，「廠內每日需夫廿名」，除「餘十五名係打簹纜工匠」外，應另有五名各有任用，即「內撥一名夜守水日在廠做雜工一撥火水一名打雜賞作一名」，但難以湊足五名之數。除正文斷法外，或爲「內撥一名夜守水，日在廠做雜工，一撥火水一名，打雜賞作一名」，又或有脫漏之字，如「內撥一名夜守水，日在廠做雜工，一撥火、水[各]一名，打雜、賞作[各]一名」等。

八、行牌〔1〕需用各項

漲船一隻；長行脚船一隻；租鉄錨〔2〕一口；小錨一口；犁嘴三個；車盤〔3〕壹副；釘鉷一副；撈黃鈎一把；旂杆一对；旂架一对；大黃龍

斿二面；金字高脚牌四面；彩紬〔紬〕〔4〕一疋〔5〕。

【校箋】

〔1〕行牌，應爲「行旆」。

〔2〕鉄錨：俗稱「挽楽子」，四足。參見常州市木材公司編：《常州市木材志（1800
～1985）》，第137頁。

〔3〕「車盤」起，低一格排。○車盤：乃絞車之車盤，直徑約一丈。參見陳約三
等：〈鎭江木業史略〉，第81頁

〔4〕紬，同「紬」，古通「綢」。

〔5〕疋，同「匹」，量詞，用於計算整捲的綢布。

九、神篷〔1〕敬神需用各項

檀香二斤；束香二斤；線香三千；白蠟二斤；清油三十斤；錢帋
〔紙〕三十斤；更香〔2〕一千；帋馬二百付；紅纸六張；香燈二個；
燈籠六対；紅線斿〔3〕式面^{各用布三}_{尺二寸}；黃布龍棹〔4〕圍一条〔條〕；〔5〕
門簾一掛；神龕用松板式塊；錫燈台二個；香柱一付；烛〔燭〕剪大
小二把；〔6〕瓦燈台二個；碟子十個；酒壺十把；酒盃十个；茶盃十个；
供神菓品十斤；大鼓一面；銅鑼二面；宰猪刀二把；〔7〕刨子二把；宰
猪盆一個；鵝四隻；雄雞一百隻；〔8〕開簿猪、羊、戲〔戲〕；〔9〕過湖
〔10〕到岳州〔11〕猪、羊、戲；路上神福计六處。〔12〕

【校箋】

〔1〕神篷：木排上搭建木棚，分爲前後兩搭，各自三間，後搭之中爲「神堂」。
參見常州市木材公司編：《常州市木材志（1800～1985）》，第123頁。

〔2〕更香：舊時爲夜間按時打更而特製的一種線香，每燃完一支恰爲一個更次，
可根據燃點後的香的長短，來推算時間的長短和遲早。

〔3〕紅線斿：敬神常用，有解煞詞云：「碼頭工人三尺紅線旗，炮響三聲人盡
知。」參見四川省地方志編纂委員會編纂：《四川省志‧民族志》，成都：
四川人民出版社2000年版，第289頁。

〔4〕棹，即「桌」，前文有「棹子」、「小棹」等。

〔5〕黃布龍棹圍一条：戲曲舞臺上常用，亦爲祭祀用具。參見唐達成主編：《文藝賞析詞典》，成都：四川人民出版社 1989 年版，第 514 頁；萬里、劉範弟、周小喜輯校：《炎帝歷史文獻選編》，長沙：湖南大學出版社 2012 年版，第 215 頁。

〔6〕烛剪大小二把：「烛剪」，即「燭刀」，剪燭花之剪刀。參見華夫主編：《中國古代名物大典》（下），濟南：濟南出版社 1993 年版，第 121 頁。

〔7〕宰豬刀二把：木排上有時還養有幾頭生豬，是犒勞時宰食的，故而有宰豬刀、宰豬盆等。參見常州市木材公司編：《常州市木材志（1800～1985）》，第 124 頁。

〔8〕雄雞一百隻：沅水放排習俗，到達洞庭湖後必辦「回頭宴」，宴席必備雄雞，雞頭獻給領工，吃下方可開席。在各類神福活動中，雄雞亦有重要作用。參見萬里主編：《湖湘文化大辭典》（下卷），第 1352 頁。

〔9〕開犏豬、羊、戲：本卷之二十一〈每筏应用各物〉：「開行祭江，湏用猪一口、羊一隻、三牲、供菓、戲一本。」舊時，船隻、木、竹排啓航之日，要舉行隆重的祭祀儀式，稱「做開江」。選黃道吉日，船老大或排頭工齋戒沐浴，於啓航前在神龕前擺豬、羊、牛三牲或肉、魚、蛋三葷，點燃香燭，燒紙錢，敬奉水神。而後船老闆請船工或排工們吃豐盛宴席，慷慨的還請看一場戲，稱爲「開江神福」或「開頭神福」。此屬於水運習俗，流行於船民、排工之間。所謂「開犏豬、羊、戲」，亦當指此。參見萬里主編：《湖湘文化大辭典》（下卷），第 1354 頁。

〔10〕湖：指洞庭湖。

〔11〕岳州：今岳陽。隋開皇初，將巴州改置岳州，治巴陵，即今岳陽市區。萬里主編：《湖湘文化大辭典》（上卷），第 26 頁。

〔12〕路上神福計六處：木排水運途中，有規定的停泊碼頭，抵達之後，殺豬擺酒，稱「做神福」。此舉本爲敬神祝福之意，但卻成爲犒勞排工之宴席。神福多少，均有定數，「路上神福計六處」，即需在六處地方「做神福」。參見常州市木材公司編：《常州市木材志（1800～1985）》，第 124、136 頁。

十、採買桅、叚木植〔1〕

托口及苗地採買桅、叚木植，如以馬價〔2〕議算，係用裁尺〔3〕扵六尺上圍，或扵五尺五寸上圍量尺寸〔4〕。其中大小尺寸不一，以大減〔減〕小陸〔5〕折中計算貫〔貫〕頭〔6〕價植〔7〕。苗地木價銀係紋銀九六扣，外用〔8〕每兩四分〔9〕；托口木價係九扣。〔10〕

南京灘〔11〕上賣木，總以馬價議算，凣〔凡〕貫九〔12〕分㸓〔足〕。其價值係用灘尺〔13〕扵五尺上圍量。其中大小尺寸不一，係按照各筝分算後，復㱕〔歸〕入總馬計算價銀。以賣桅木多在十貫以外筝，從不肯論貫頭。

價銀〔14〕係九九，灘別銀上^{法石}秤〔15〕，九五五兌。

張湾〔灣〕〔16〕廠內處木，桅、叚俱以頭尾大小牽補〔17〕。其〔18〕叚木係三百八十根，㱕總合計，方見奴〔19〕算。至桅木，亦係二十根，牽搭〔20〕㱕〔歸〕總，方見奴〔21〕算。如南京、江西所處桅木、叚，竟可另將〔將〕木植補算，惟湖南只可牽算。其根數不能過多，總以按數桅木二十、桅〔22〕叚木三百八十根爲準。

【校箋】

〔1〕採買桅、叚木植，此標題乃校箋者所加，原抄本所無。

〔2〕馬價：即以「龍泉碼」計價。「龍泉碼」，係由龍泉（今江西省遂川縣）郭維經父女發明的用以計算材積的計量方法。參見熊大桐主編：《中國林業科學技術史》，北京：中國林業出版社 1995 年版，第 191～192 頁。具體見本卷之十八〈江寧賣木龍泉馬價〉。

〔3〕裁尺：舊時通常所用之尺，按照用途冠以名稱，「裁尺」者，多用以裁衣，故稱。俞正燮《癸巳存稿·尺》：「俗用裁尺一尺，營造尺一尺一寸一分一釐一毫，律尺一尺三寸七分一釐七毫。」

〔4〕扵六尺上圍，或扵五尺五寸上圍量尺寸：圍量木材時，以樹兜或水眼以上若干尺處起算圍量，均各有規定。陳錦《勤餘文牘》卷三〈結筏順清河記〉：「任取一木，約距根尺有一把，量其圍圓。」參見《錦屏縣林業志》編纂委員會編：《錦屏縣林業志》，第 25～26 頁。

〔5〕陞：木材圍量計價時有「升頭」，意即每百兩碼子價值若干。參見程章：
〈解放前的烏溪江木材商業〉：載《遂昌文史資料》（第一輯），遂昌：中
國人民政治協商會議遂昌縣委員會文史資料組 1985 年版，第 66～71 頁。

〔6〕貫頭：本借指錢鈔。例見方汝浩《禪眞後史》第十一回：「捱身幫襯，管
喪儀簿，陪弔奠客，照理出入帳目，一來圖嘴頭肥膩，二則饕餮些貫頭
微利」。此處爲木材圍量計價時術語，見陳錦《勤餘文牘》卷三〈結筏順
清河記〉：「問值者按馬計錢，名曰『貫頭』，每馬若干貫，則其值也。每
馬馬一兩，每貫錢一千也。」「貫頭」，意即每兩碼子價值若干，即爲若
干貫。所謂「死兩活貫」，雖然實際上以兩作爲計價單位，但是習慣上仍
稱「貫」，如下文有「梡木多在十貫以外」。參見程章：〈解放前的烏溪江
木材商業〉，第 66～71 頁；參見常州市木材公司編：《常州市木材志（1800
～1985）》，第 221、246 頁。

〔7〕植，應作「值」。

〔8〕外用：應即「外佣」。木行可以申漲木碼，「『內佣』依照批發，『外佣』
三分、五分、零售八分」。參見常州市木材公司編：《常州市木材志（1800
～1985）》，第 37～38、212 頁。

〔9〕每兩四分：每百扣四，即「九六扣」。

〔10〕「扣」，原抄本「扣」字左下有「Ｌ」標記。案，「Ｌ」標記或爲「點扣標
記」，常見於清代文稿某字左下角。在文書抄寫中，常需多人分頭抄寫，
故在謄正之前，「須先算好字數與行數，並在文稿上作出標記」。「Ｌ」標
記，意指該字係文書左版的最後一個字，其下之字爲其他抄錄者所應謄寫
的第一個字，且「應從右版第一行開始」。關於「點扣標記」，可參見雷榮
廣、姚樂野：《清代文書綱要》，成都：四川大學出版社 1990 年版，第 52
頁。

〔11〕灘：木材停留之江邊、河邊，總稱爲「灘」，即「木灘」。如武漢稱「漢灘」，
常州稱「常灘」等。參見常州市木材公司編：《常州市木材志（1800～
1985）》，第 206～207 頁。

〔12〕九，原抄本寫如「丸」，據文意改。

〔13〕灘尺：陳錦《勤餘文牘》卷三〈結筏順清河記〉：「用篾畫分寸曰『灘尺』。」
又稱「篾尺」，《錦屏縣林業志》載：「爲竹篾製成的寬 1 分、長 3 尺 7～8

寸用以圍量木材大小的度量工具」、「每 1 篾尺約合 1.267 市尺，此尺叫板篾」、「寬尾 1 毫米者叫絲篾」。又有「正灘尺」和「漢灘尺」兩種，前者長 3 尺 4 寸 2 分，後者長 3 尺 4 寸 6 分，「依不同地方『江規』均爲各木埠分別採用」。除洪江用「漢灘尺」外，錦屛、常德、漢口等地均用「正灘尺」。參見《錦屛縣林業志》編纂委員會編：《錦屛縣林業志》，第 259 頁。

〔14〕「價銀」段，低一格半排。

〔15〕法、石秤：「石秤」疑即「市秤」。如「權衡者，戶部所定，有權衡、秤、戥三種，通稱『官秤』。又有『市秤』、『法秤』，與『官秤』稍異」。參見三島雄太郎：《清國史》，上海：開明書店 1903 年版，第 129 頁。

〔16〕張湾：即下文「張家灣」，在今北京通州區。明永樂十六年（1419 年）開始起倉廠，爲進京重要的客貨碼頭。參見劉延愷主編：《北京水務知識詞典》，北京：中國水利水電出版社 2008 年版，第 423 頁。當地人常稱本地爲「張灣」，參見高文瑞：《畫在京西古道》，南京：南京出版社 2013 年版，第 73 頁。

〔17〕牽補：應指牽算添補。嘉慶《大清會典事例》卷六百七十〈木倉〉：「偶有一二不能合式者，准其添補，不得藉有添補之例。將額辦柂木二十根，概行均勻牽算搭解。」

〔18〕「其」，原抄本「其」字上有一短橫。

〔19〕奴，形近疑訛，當爲「收」。卷二之二十六〈搭木執照〉：「照仰該商奴執。」亦應爲「收」。

〔20〕牽搭：即「牽算搭解」。見前引嘉慶《大清會典事例》卷六百七十〈木倉〉：「概行均勻牽算搭解。」

〔21〕奴，形近疑訛，當爲「收」。

〔22〕柂，疑衍。

十一、柂木、叚木合式係用部尺〔1〕（苗地名「田椿規」）〔2〕

柂木頭徑圍圓四尺五寸^{係隨〔隨〕疤}^{鼻進寸一圍}，尾徑圍圓二尺一寸^{係六尺}^{上圍量}，之長六丈^{外須餘稍〔3〕}^{一寸至買不等}。算法：〔4〕圍量柂木頭徑四尺五寸，以四五乘〔乘〕，得二空二五〔5〕（廿尺○〔6〕二寸五分）〔7〕；量圍柂木尾梢二尺一寸，以

二一自乘，得四四一；又將頭徑四五爲实〔實〕〔8〕，以尾根徑二一爲相乘，得九四五^{九尺四寸五分}；共得三四一一。以六因〔9〕＝〔因〕之，得二空四六＝〔六〕^{二千〇四十六尺六尺}〔10〕。以三十六歸除之，得五十六尺八寸五分。

桅木合式之例，每根应〔應〕該〔該〕見方一尺，長五十六尺八寸五分。

段木尰〔兜〕徑圍量三尺九寸，係鋸去疤鼻圍量；尾徑圍量二尺一寸^{係三丈上圍}，它長三丈^{外滇餘梢二尺}。算法：量圍段木〔11〕頭徑三尺九寸^{以三九自乘之，得一丈五尺二分}；圍量段木尾徑二尺一寸，以二一自乘之，得四尺四寸一分；又將頭徑三九爲实，以尾徑二一相乘，得八尺一寸九分；共得二丈七尺八寸一分。以三因＝〔因〕之，以三十六歸除之。段木合式之例，每根应該尾方二十三尺一寸七分五釐。其段木算法，亦先以頭徑自乘，又以尾徑自乘，復將頭尾相乘，与〔與〕算桅木之法相同。惟段木係三丈長，以三因＝〔因〕之，其桅木係六〔12〕丈長，故以六因＝〔因〕之。

南京起木人夫，任本地包頭〔13〕攬帮上灘，滇看木植多少酌辦，務滇木行〔14〕承認。架、槁、護木〔15〕上堆〔16〕，務滇诚〔誠〕实人看圍量，詳〔詳〕细〔細〕記登尺寸號碼，方免私通賣碼情獎〔弊〕〔17〕。并滇圍时用五倍子水，將木植逐根頭上打明尺寸墨碼〔18〕，以便賣时得以比对紅碼，以杜圍量手〔19〕作獎之端。段木鋸匠工銀十二兩，纹銀九扣；北河〔20〕做簰十二縴，每縴工價九五銀十八兩^{內每縴扣把杆〔21〕二兩，与爺们〔們〕作茶资〔資〕}。

又，每縴米二石，自做簰日起，至儀徵日止；〔22〕每日均给飯食一錢，至儀徵日。上縴以後則〔則〕無飯食。所有神福，自開簰日起，至張水灣止，共三大四小。〔23〕

【校箋】

〔1〕部尺：清代工部營造工程所用之尺，即「營造尺」。一「營造尺」合今「0.32米」，爲當時之標準長度單位。案，「度量衡之制度，大都定自康熙朝，度

法有營造尺、律尺、裁尺三種，以營造尺爲官尺。凡定斗斛權衡之式，與步測里程、丈量田地，亦皆用之」。參見三島雄太郎：《清國史》，第 129 頁。

〔2〕「苗地名田樁規」，原抄本前與「部尺」空二格，未作小字註釋處理，括號據文意加。

〔3〕稍，或應作「梢」。

〔4〕算法：以下「算法」，乃是計算桅木之體積。下文計算過程，可總結爲以下算式（單位：尺、立方尺）：

桅木：$(4.5^2+2.1^2+4.5\times2.1)\times60/36=56.85$

段木：$(3.9^2+2.1^2+3.9\times2.1)\times30/36=23.175$

此計算之法，乃依據《九章算術》卷五〈商功〉：

今有圓亭，下周三丈，上周二丈，高一丈。問積幾何？

答曰：五百二十七尺、九分尺之七。

術曰：上、下周相乘，又各自乘，并之，以高乘之，三十六而一。

此亦與下文所部分總結的「先以頭徑自乘，又以尾徑自乘，復將頭尾相乘」相合。

〔5〕二空二五：即「二○二五」，亦即後文「廿尺○二寸五分」（20.25 尺）。

〔6〕○，原抄本當爲「○」，然筆畫稍粗以至作「●」。

〔7〕「廿尺○二寸五分」，原抄本未作小字註釋處理，括號據文意加。下文遇有括號，均係據文意加，不一一出註。

〔8〕實：《九章算術》卷一〈方田〉：「母相乘爲法，子相乘爲實，實如法而一。」

〔9〕因：大略指乘法，如「因乘」。案，莊亨陽：《莊氏算學・卷五》：「因乘者，生數也，以數生數，有生生不已之義焉……因者，一位相因而得。如二因三而成六，四因二而成八也。乘者，多位相乘而得。如兩位以上，則各以每位所因之數，而又層累以積之也。」

〔10〕「二千○四十六尺六尺」，訛，應爲「二千○四十六尺六寸」。

〔11〕「段木」後，原抄本「段木」、「頭徑」間有「徑」字，被劃去，應係誤寫。

〔12〕「六」後，原抄本「六」、「丈」二字間有「尺」字，被圈去，應係誤寫。

〔13〕包頭：《清朝文獻通考》卷三十一：「於額設牙行之外，豈復有集主、包頭、攬頭名色，朋比攘奪，任意勒索，實爲商民之累。」承包木材運輸者，

謂之「包頭」。參見（不著作者）：〈從「四溪公」看我縣建國前的竹木產品運銷情況〉，載《桃江文史資料》（第二輯），桃江：中國人民政治協商會議湖南省桃江縣委員會文史資料研究委員會 1985 年版，第 81～82 頁。又，在南京，包頭分大小，大包頭須負責買方的卷尺（圍量）、打字、包裝打排及運送貨物等。參見黃慕庚口述、李星光整理：〈古上新河鎮木業經營概況〉，載《雨花文史》（第 2 輯），南京：中國人民政治協商會議南京市雨花臺區委員會文史委員會 1988 年版，第 92 頁。

〔14〕木行：在南京，木行為木號和買主間的介紹人。「木行老闆手中無貨，老闆的收入是從買、賣雙方成交額中提取的……而木行要負責承擔買方的吃住費用，以及做好買方的『包頭』。」參見黃慕庚等：〈古上新河鎮木業經營概況〉，第 92 頁。木行的最早形式是代客買賣，抽取佣金的中間商，與自買自賣的木號相區別。可參見常州市木材公司編：《常州市木材志（1800～1985）》，第 37 頁。

〔15〕護木：即「保水護木」，下文多有。名義上係額定木植之外，為避免沿途運輸磕碰損耗，額外多辦以備敷用之木。據〈奏為審擬桃源縣民剪元吉等京控採辦解京例木委員私設關口抽取木植案事〉（藏第一歷史檔案館，檔號：03-2235-20）：「此次木植，歷經長江大河，風浪沖激，難免磕碰損失，因於例木之外，委員自出己資，買備木植，紮筏幫護，名為『護木』，並備交收時，以補正額之缺，經過各關，照例納稅。」

〔16〕上堆：應指「上倉堆木」。本卷之二十〈抵灘〉：「簰木約二萬根抵灘，出水上倉堆木。」

〔17〕情弊：關於圍量手之「花招」，可參見常州市木材公司編：《常州市木材志（1800～1985）》，第 212 頁。「偷篾子」（即少報尺寸）情事，亦見陳約三等：〈鎮江木業史略〉，第 82 頁。

〔18〕打明尺寸墨碼：木材圍量計碼之後，在木材頭部敲上紅色印記，同時還要敲上尺寸碼子。參見常州市木材公司編：《常州市木材志（1800～1985）》，第 83 頁。南京專有「打字工」，為買客敲打字印，以為記志等。參見梁明武：《明清時期木材商品經濟研究》，第 148 頁。

〔19〕圍量手：即圍量木材者，參見常州市木材公司編：《常州市木材志（1800～1985）》，第 207 頁及以下。

〔20〕北河：即南京北河口，爲木材停靠地。參見黃慕庚等：〈古上新河鎮木業經
　　　營概況〉，第91頁。

〔21〕把杆：下文有「巴干」、「巴杆」。

〔22〕自做簰日起，至儀徵日止：即本卷之十七〈常德府德山至張家灣水路程途〉：
　　　「自江寧抬木保鋸紮筏，至儀徵起夫日止。」儀徵，今江蘇儀徵市。

〔23〕「共三大四小」句：據下文本卷之二十一〈每筏应用各物〉，其中記載正合
　　　七處大、小神福：

　　　　1、「開行祭江，湏用猪一口、羊一隻、三牲、供菓、戲一本。」（「開
　　　　　行祭江」應算大神福一個，即所謂「開江神福」。）

　　　　2、「進儀徵口，小神福一個。」

　　　　3、「觀儀門，小神福一个。」

　　　　4、「簰至台兒庄，小神福一個。」

　　　　5、「臨清，大神福一個。」

　　　　6、「天津，小神福一個。」

　　　　7、「抵灣，倒扒竿，神福，每簰肉二斤、酒三斤（照前大神福）。」

　　　以上七處神福，三處「大神福」爲開江、抵灣之頭、尾二處，及途中「臨
　　　清」一處，餘下四處爲「小神福」。

十二、做簰湏用各項

　　巴干十二付^{用一尺六寸架木做，每付档〔檔〕干十三根}；榴槁十二付^{用一尺六寸架木，計廿四根}；撑槁七十二根；陞官木〔1〕十二根^{長一丈六尺}；樑梯每吊八座；招每吊六把；招羈〔羈〕七十二個；錨船〔2〕二隻；過江銀〔3〕五兩四錢；做漲小木二十根；紙篾〔簍〕三個；篛纜十二根；橋拐七十二個；松木小橇〔4〕六百零；鈴鐺十二個；棕旂绳〔繩〕十二根；松板船不宜多帶^{止用旧〔舊〕的}；犁鑽〔鑽〕卅六個；水瓢十二個；篛頭绳〔5〕十二根^{每根約〔約〕十六、七斤}；埡蓬板三、四百塊；桅燈十二個；鍋灶十二付；碗一百二十个；筷子十二把；茶刀十二把；飯瓢十二个；火鍼、鍋鏟各十二把；洗米籮十二個；面盆、脚盆、木桶、鍋盖、飯桶各十二個；銅鑼十二面；小黃旂十二面；前後

猪尾〔6〕廿四根；茱瓦盆十二個；篷〔7〕十二個；官篷一座；官廳〔8〕一座；鉄錨十二口^{約重四、五十斤，要齒上有□〔9〕的，常德可買去}；犁頭十二個；鉄鏟十二把；钁箍卅六個；巴杆箍十二個；每吊巴干釘卅六根；絞邊〔10〕十二付；犁三十六根^{用皮稿做}〔11〕；錨項十二根；蘇打闸〔闸〕大绳二梗〔12〕^{蘇约重一百斤}；扯篁廿四根；三拖十二根；風篁十二根；平水篁十二根；北河篁十二根；百步丈十二根^{南京小的}；犁頭绳〔13〕十二根；帶纜四十八根^{用旧篁做}〔14〕；做簰草把纜廿四扛；每吊巴干前後優纜一条^{用旧漲篁做}；大脊筋纜〔15〕十二根^{上江大纜做}；石郎頭〔16〕十二个；每弔用鉄器約九斤；蘇绳共三百餘觔；簰上墊板塗木，係鋸下叚木梢做；搭火篷〔17〕係用扒水皮稿；支八字架用叚木梢；做伙篷所用木植，概不湏〔18〕大。此伙篷抵〔抵〕漲湾〔19〕时，歴〔歷〕係给各簰夫〔20〕，惟官簰伙篷係给火夫。総湏于包簰时说清，庶不致強用火木及争〔争〕官簰伙篷等事。

【校箋】

〔1〕陞官木：見陳潢《天一遺書・木龍格式》：「犁頭、犁木、點木、升官木。」

〔2〕錨船：丟錨及起錨時用，配梁梯及槳。參見常州市木材公司編：《常州市木材志（1800～1985）》，第137頁。

〔3〕過江銀：乃收費之名目，參見秦旭：〈天柱縣木業沿革概況〉，第232頁。

〔4〕橇，當為「撬」。

〔5〕箍頭绳：「箍頭，是用數十根篾條，以類似牽藤的編法，但直徑比牽藤粗的一種竹索具」，亦稱「纜子」。見林業部經營利用司編：《1958年木材採運的技術革新》（第2輯・木材水運），第18頁。本卷之二十一〈每筏应用各物〉有「大箍頭二根」、「箍頭十二根」。

〔6〕前後猪尾：「豬尾」，用桐木做成斜形，用為停排靠岸吊基樁，即備掛纜用。參見陳約三等：〈鎮江木業史略〉，第81頁；江西省遂川縣林業志編纂委員會編：《遂川縣林業志（1995～2006）》，第255頁。

〔7〕篷：即木排上的「棚屋」，內供工人食宿及存放行排用具。參見常州市木材公司編：《常州市木材志（1800～1985）》，第123頁；陳約三等：〈鎮江木業史略〉，第81頁。

〔8〕官廳：船舶中部的艙房，清代民間商船之官廳則居住船員。參見陳希育：
《中國帆船與海外貿易》，廈門：廈門大學出版社 1991 年版，第 401 頁。
又，所謂「官篷」、「官廳」者，據《洞庭湖志》：「〔皇木排〕上豎雙桅，
轅門、廳堂亦如衙署之制，文武各撥兵役守護，以俟開行。」見陶澍、
萬年淳等修撰：《洞庭湖志》，何培金點校，長沙：嶽麓書社 2009 年版，
第 99 頁。

〔9〕□，該字或爲「罔」，原抄本不清。

〔10〕絞邊，又稱「包邊」。湘西有民諺：「絞邊不得脫，緊紮像索索」。參見湖
南省文學藝術界聯合會編：《湖南諺語集成》（2），長沙：湖南文藝出版社
2009 年版，第 911 頁。

〔11〕皮槁：即「桐皮杉槁」。

〔12〕梗，疑應爲「根」。

〔13〕犁頭繩：本卷之二十一〈每筏应用各物〉有「犁頭纜」。乃纜繩之品種，
小河放排用「犁頭」。參見江西省遂川縣林業志編纂委員會編：《遂川縣林
業志（1995～2006）》，第 257 頁。

〔14〕用舊籫做：用舊大纜做紮排篾纜，事可參見常州市木材公司編：《常州市
木材志（1800～1985）》，第 130 頁。

〔15〕筋纜：或即「經纜」，參見林業部經營利用司編：《1958 年木材採運的技術
革新》（第 2 輯‧木材水運），第 131 頁。

〔16〕郎頭，應爲「榔頭」。本卷之三〈托口至德山籫纜、工價等項〉：「榔頭每
一個，價銀二分，每招用一个。」

〔17〕火篷，應即下文之「伙篷」。

〔18〕湏，原抄本此處「湏」字右部寫作「頁」；下文亦有此寫法，不再出校。

〔19〕漲湾，應爲「張灣」，即「張家灣」。

〔20〕簰夫：又稱「水夫」，即今木材水運工人。參見《錦屏縣林業志》編纂委員
會編：《錦屏縣林業志》，第 248 頁。

十三、廠內變賣各物

床每張錢一百二、三十文；桌每張錢一百二、三十文；櫈每條卅文
內外；櫃每付七百至一千文。舊行江纜〔1〕每个長七尺二寸，價｜一〔2〕；中行江

長全，價｜二；又十長全，價乆〔3〕；山纜長全，價8 賣旧纜總以此；梨頭漲簹長全，價乂千；三花〔4〕長同，價｜｜。桐子〔5〕每個錢一百几〔幾〕十文；叚木梢每根看大小，至七、八百文不等。

凡賣〔6〕零星木植，總比賣架、槁木價更貴〔貴〕些，必练〔練〕〔7〕老练管賣，庶不致販〔販〕子賤〔賤〕價買取，及更换〔換〕混去等事。至松板，須聽时價變賣。

張家灣起木進廠〔8〕，工價大錢八、九、十千不等，公館〔9〕租錢五千，在關帝廟〔10〕方便。

【校箋】

〔1〕行江纜：陳潢《天一遺書‧木龍格式》：「行江纜，即竹纜，亦名『龍筋』。」竹纜之一種，大者八花，稱爲「行江」。參見李文海主編：《民國時期社會調查叢編‧鄉村社會卷》（二編），第 646 頁。又稱「行江大纜」，「大水時起碼五百丈」，參見常州市木材公司編：《常州市木材志（1800～1985）》，第 137 頁。

〔2〕｜亠：此處以「蘇州碼子」（又稱「花碼」、「草碼」等）計數，照原抄本逕錄。「｜亠」即「十六」，惟「亠」原抄本寫作「Ｌ」。蘇州碼子，原爲蘇州人表示數目的符號，後來通行全國，用於舊式帳簿。具體計數符號，參見後附之〈《採運皇木案牘》俗字表〉。另外，木業尙自有量詞、數字等之習慣簡寫，參見常州市木材公司編：《常州市木材志（1800～1985）》，第 213 頁。

〔3〕文，其字類「文」，實爲「文」，那花碼之「九」。寫法參見常州市木材公司編：《常州市木材志（1800～1985）》，第 213 頁。

〔4〕三花：指竹纜種類而言，即「三花纜」，多用於起底紮排。參見江西省遂川縣林業志編纂委員會編：《遂川縣林業志（1995～2006）》，第 257～258 頁。

〔5〕桐子：弘治《徽州府志》卷二〈土產〉：「桐子樹，其子可取油，凡栽杉，必先種此樹，其葉落而土肥也。」

〔6〕「凡賣」段，低一格排。

〔7〕练，疑衍。

〔8〕廠：北京張家灣今有地名「皇木廠」，因存放南方運來的皇木而名。參見王崗主編：《北京歷史文化資源調研報告》，北京：中國經濟出版社 2013 年版，第 234～235 頁；周良等主編：《通州漕運》，北京：文化藝術出版社 2004 年版，第 78 頁。

〔9〕公館：本卷之十五〈京用〉有「木廠公館」；本卷之十七〈常德府德山至張家湾水路程途〉：「張家湾公館，宜在關帝廟內方，与河下木廠兩處相近……保水護木，不可入廠，只宜暫放公館之旁。」

〔10〕關帝廟：據稱，通州關帝廟多達一百五十餘，參見施海主編：《北京郊區古樹名木志》，北京：中國林業出版社 1995 年版，第 141 頁。而通州張家灣鎮皇木廠村即有關帝廟，參見北京市通州區文化委員會編：《通州文物志》，北京：文化藝術出版社 2006 年版，第 280 頁。又，張家灣鎮張家灣村有山西會館，並爲關帝廟。參見白繼增、白傑：《北京會館基礎信息研究》，北京：中國商業出版社 2014 年版，第 606 頁。

十四、賣簰面器用等件價銀〔1〕

巴干二根并档〔2〕（一兩三錢）；榴〔3〕槁二根并升木〔4〕（一兩六錢）；篷每座（官蓬〔5〕在內）（一兩一錢五分）；厚板每塊（六錢）；薄板每塊（二錢〔6〕九分）；橋板〔7〕每塊（一錢二分）；梁頭〔8〕每条（三錢八分）；□〔9〕木（一錢六分）；佃塗每条（一錢八分）；招每把（四分），此招在天津賣錢一百四十五文；鍋、灶、架、盖四件（破新旧算），三錢五分；床每張一錢五分；桌每張一錢四分；櫈每条三分；水、脚、面、飯盆、桶五件，一錢四分；銅鑼每個二錢二分；官廳一座（一兩七錢）；旂桿二根竝架〔10〕（二兩六錢）；鉄錨每斤（二分二釐）；前後猪尾二根（五錢四分）；槁、挽子每張（三分半）。以上俱係七五扣錢。

叚木梢每根八錢；餘架木每根八錢；餘桅木（三十兩）。以上八扣。

【校箋】

〔1〕賣簰面器用等件價銀：木行中，專有一類小行，代理出售排上的剩餘物資，

如大纜、木槁、生活用具以及木棚等零星木材，稱爲「囤灘棚」。此篇所敘述物件價格等，即此。參見常州市木材公司編：《常州市木材志（1800～1985）》，第 38 頁。

〔2〕档：即本卷之十二〈做簰湏用各項〉之「档干」。

〔3〕榴，該字原抄本右部作「留」。

〔4〕升木：應即本卷之十二〈做簰湏用各項〉之「陞官木」。

〔5〕蓬，應爲「篷」。

〔6〕二錢，此二字原抄本作大字，據文意改爲小字。

〔7〕橋板：排上物資，鋪作木棚地板用。參見常州市木材公司編：《常州市木材志（1800～1985）》，第 38、83～84 頁。

〔8〕梁頭：即「隔艙板」。黃叔璥《臺海使槎錄》卷二〈武備〉：「扛罩，艙口直木。此木自官廳口起至大桅兜止，所罩艙之撐蓋，俱扛於此，故名『隔艙板木』，乃橫木也……又曰『梁頭』。」又，道光《廈門志》卷五〈船政略〉：「扛罩，名『隔艙板』，乃橫木也。在大桅處，名曰『含檀』，又曰『樑頭』，在各艙名『堵經』。」

〔9〕□，原抄本此字難以辨別確實，按字形或爲「搶」字，又或爲「檜」字，不確。

〔10〕架：即本卷之八〈行牌需用各項〉之「旂架」。

十五、京用

兵、吏、工〔1〕部、吏科〔2〕報文〔3〕及飲食、外費、領批〔4〕、領回照〔5〕等項〔項〕，共 I 二十〔6〕；外工書〔7〕土仪〔儀〕〔8〕二股，约計各股 彡又〔9〕。又，工科〔10〕一股，约計 一又，查收官程儀〔11〕 一十又。又，工仪约計 川乂又，随封〔12〕 川又，倘有二員〔員〕在此數平分。交木內使 彡又，或 I 二又，工書共 I 一又。又，桅木 乂又，木匠 I 一又。又，桅 乂又，廠軍〔13〕頭 一又。又，衆軍共 乂又，昼〔畫〕檔 8錢，寫號 五錢，便飯一席 I 千錢，下馬飯〔14〕一席 I 千二。木廠公館糊窓〔窗〕、貼対聯〔聯〕及搭蓬雜用錢二千文，彩紬〔15〕二疋 錢二百文，席面每桌錢一千六百文（菓碟在內）。廠內衆軍，每日飯錢四百文或八百文，抬工人等工每一個工

錢一百文，水火夫每日錢五十文。火壺一把，每日錢一百五十文，茶葉灰〔灰〕、蠟〔蠟〕烛、點〔點〕心、酒另備。官車到廠，一輛給大錢壹千文；如在廠，每日大錢五百文。扛辦木匠到廠，每車一輛給大錢七百五十文^{在廠飯錢三十文}。官回車，每輛錢一千文，打尖〔16〕錢五十文；木匠回車，一輛大錢七百五十文，打尖錢二百文。

【校箋】

〔1〕兵、吏、工，原抄本「兵、吏、工」三字作一行並排。

〔2〕吏科：明清六科之一，清順治中沿置，掌稽核人事，註銷吏部、順天府文卷之事。雍正元年（1723 年）改隸都察院。參見張政烺：《中國古代職官大辭典》，鄭州：河南人民出版社 1990 年版，第 449 頁。

〔3〕報文：例見雍正《大清會典》卷四十八〈錢法〉：「每年上下兩運銅觔，仍於四月十月起運，報文一到，扣算程途，勒限解交。」

〔4〕領批：康熙《大清會典》卷一百六十〈戶科〉：「按程定限，差滿回日，將原領批文，送科查核銷號。」又，戴瑞徵《雲南銅志》卷三〈京運〉：「運員解部銅觔，每起滇省發給戶部戶科、工部工科咨批各一件，赴部呈投。如所運銅觔照額全數交足者，由部印批，發交運員祗領，回滇呈送藩司衙門備案。」

〔5〕領回照：雍正《大清會典》卷二百二十四〈都察院〉：「歲辦錢糧，仰該道行府州縣官、提督所屬，依期徵收，起解倉庫交納，取實收回照，不許稽遲。」乾隆《大清會典》卷三十七〈田賦四〉：「十二年，覆准各省攢造奏銷冊籍，於例限之前，令各屬先造草冊一本，申布政使司覈對無訛，發回照造。如款項舛錯，數目不符，即於草冊內，分晰指出，計程塗遠近，定限發回，別繕補送。」

〔6〕｜二十，原抄本「｜」寫在左，「二、十」二字上下排佈，寫在右。應指「一百二十」。

〔7〕工書：《清實錄·宣宗成皇帝實錄》卷二百九十〈道光十六年丙申冬十月〉：「湖北監利縣隄工，向係官徵民修，每年歲修土方六十餘萬，派徵制錢六萬餘串，由該縣籤點董事，發給印單，收取土費，糧書、工書等，輒用墨券私收，致董事賠累，不足完工。」

〔8〕土仪：作爲餽贈禮物的土特產品。

〔9〕刄，「兩」之俗字。下亦有於「丿」上加兩畫之字形，均錄爲「刄」。「兰刄」，即「八兩」。

〔10〕工科：明清六科之一，清順治中沿置，掌稽核工程，註銷工部文卷之事。雍正元年改隸都察院。參見呂宗力主編：《中國歷代官制大辭典》，北京：北京出版社 1994 年版，第 23 頁。

〔11〕程儀：表示謝意的酬金。

〔12〕隨封：《清稗類鈔》卷九十四〈從僕有隨封〉：「以財物餽人並餽其從僕，多者十分之一，少者百分之一，謂之『隨封』，蓋始於後漢。《後漢書・宦者傳》云：『每郡國貢獻，先輸中署，爲導行費。』註：『謂貢獻外別有所入，以爲所獻物之導引。』此後世『隨封』所自昉也。」

〔13〕廠軍：例見乾隆《江南通志》卷七十八：「月糧款內裁虞工并廠軍口糧，銀三百六十五兩八錢五分三釐。」又，「廠軍」或即指木廠之「廠役」，見嘉慶《大清會典事例》卷六百七十〈木廠〉：「額設廠役八名，以資看守。」

〔14〕下馬飯：接風之酒席。《儒林外史》二十八回：「諸葛先生且做個東，請蕭先生吃個下馬飯，把這話細細商議。」參見岳國鈞主編：《元明清文學方言俗語辭典》，貴陽：貴州人民出版社 1998 年版，第 147 頁。

〔15〕彩紬：見本卷之八〈行牌需用各項〉亦有「彩紬一疋」。

〔16〕打尖：即路途中吃喝歇息。

十六、九江〔1〕正稅則例〔2〕

湖口新例，長、深、濶〔3〕俱一丈五寸，總計長、深、濶若干在位，每尺四錢八分二毛正稅外，錢糧夫耗四十三兩交官。

蕪湖〔4〕、龍江關〔5〕，如批青流〔流〕〔6〕，要再言辦酌办〔辦〕。

龍江關丈量算法，外有架、槁、柴炭稅銀，加火耗〔7〕四、五十兩不等。算法：以長丈尺在位，將濶尺寸乘之數目在位，又將深尺寸乘之數目若干在位。如多又收上作五位，用八八九乘之；如多又收上，即乘面木根數。又將濶作若干，外加一丈，乘面木，底〔底〕〔8〕木若干根，用七＝〔七〕乘之，即成錢糧。每百加九刄不等，在人能爲。

如有青流、柴木，憑官批之青流三分，柴木一分，杉木六分，共成十分。[9]

今有木一綑，長廿二丈三尺七寸，濶七丈九尺三寸，漲一丈八尺六寸[10]。

杉≡｜一｜一ㄨ、青8一｜一ㄨ｜一、柴8｜二｜≡[11]，独〔獨〕深三分，折算六分。杉木另算，總無改移。先以長廿二丈三尺七寸在位，將濶七丈九尺三寸，乘之得｜二二〢ㄨ×一[12]在位；又加一＝〔一〕、一六[13]乘之，得｜ㄨ二ㄨ二〢；又用八＝〔八〕九乘之，得面木一萬七千六百根在位；又將濶七丈九尺三寸，外加一丈，共八丈九尺三寸，乘之，[14]得底木一萬五千七百十七根；共算底木、面木三萬三千三百十七根，用七＝〔七〕乘之，即成錢糧，共二百五十六又五錢四分一釐。青流[15]算法：計前原数目｜二二〢ㄨㄨ在位，又將深處分得五尺五寸八分，乘之得ㄨ二ㄨ二一；用七四一乘之，得木七百卅四根[16]；用二七五乘之，得錢糧二百〇一兩八錢五分。柴木[17]算法：用原長、濶，將深處分得一尺八寸六分乘之，得〢ㄨㄨ×[18]，又用四六乘之，得木二百一十四根；又用九＝〔九〕乘之，得錢糧廿一兩一錢八分六釐。

三共得[19]錢糧四百七十九兩五錢七分七釐。

又，各項零、柴木額稅：楠木每根二錢，加一[20]，即二錢二分；清流每根二錢五分，^加即二錢七分五釐；松木每根六分三釐八毛；柴木一丈一尺九分五厘；株木板二丈爲塊，每根一兩二錢一分；南竹每根三釐二毛；青竹每根五釐五毛；皮槄每根三釐；大皮槄每根七釐^{止算}；零木每根四分五釐；虎木每根二錢五分四釐；招、槄每根一分[21]巳〔已〕[22]免；牟木每根四分四釐；[23]松枋每塊一分一釐；柴板每根一分；架木每根一分；犁木一尺起至一尺九寸止，每根七釐，二尺起至二尺五寸止，每根四分，此二等大小対算，二尺六寸起至三尺止，每根三錢，四尺的，四錢。

買竹元[24]≡折，買楠木≡≡折，松木≡≡折，板元丝〔絲〕直ㄨ二，色

平〔25〕，襍〔雜〕木〔26〕□二折。〔27〕

　　以上〔28〕各木，或用紋銀，或用元丝，均有扣折，湏先说明，方可議價，不致欺朦。

【校箋】

〔1〕九江：今江西省九江市。設有九江關，清代戶部稅關之一，順治二年（1645年）設九江關提督，掌收鹽茶竹木之船料及牲畜稅。乾隆四年（1739年），改由廣饒九南道兼充。乾隆《大清會典則例》卷四十七〈關稅上〉：「江西九江關，稅三十五萬四千二百三十四兩有奇。凡官商，鹽茶有徵，客商貨物，除竹木輸稅外，餘皆無徵。」參見鄭天挺等主編：《中國歷史大辭典》（第1冊），上海：上海辭書出版社2010年版，第57頁；祁美琴：《清代権關制度研究》，呼和浩特：內蒙古大學出版社2004年版，第59～69頁。

〔2〕正稅則例：康熙《大清會典》卷三十四〈關稅〉：「有臨關抽稅，俱照部頒則例徵收。」乾隆《大清會典則例》卷四十七〈關稅上〉：「凡往來商貨，有正稅、商稅二項。」文慶等纂輯《籌辦夷務始末》卷二：「查前約定出入正稅則例，其時思慮內地抽釐未定常規，各省隨機加重，以致我商雖有正稅額數之名，實無必免重納正稅之便。」

〔3〕長、深、濶：乾隆《大清會典則例》卷四十七〈關稅上〉：「竹木稅，木筏丈量深、濶及長，積算三丈六尺，納銀十有七兩五錢五分；一丈，納銀四兩八錢六分二釐。」

〔4〕「蕪湖」段，低一格排。○蕪湖：指蕪湖關。屬於清代「工部五關」之一，即「龍江關、蕪湖關、宿遷關、臨清關、南新關」。此類關卡專徵竹、木、船稅。參見唐嘉弘主編：《中國古代典章制度大辭典》，鄭州：中州古籍出版社1998年版，第255頁。

〔5〕龍江關：在今江蘇南京市下關。明始置，徵竹木之稅，屬於清代「工部五關」之一。乾隆《欽定大清會典則例》卷一百三十六〈關稅〉：「乾隆六年，覆准龍江關徵收木稅，嗣後水平橫量簿面，如中高一尺，邊低一尺，將高低折實，除還一半，止以五寸科算，永禁飛量之法。」參見鄭天挺等主編：《中國歷史大辭典·歷史地理卷》，上海：上海辭書出版社1996年版，第192頁。

〔6〕青流：即「青柳木」。乾隆《大清會典則例》卷一百三十六〈關稅〉：「青柳木簰，深一尺二寸作一層，濶一丈作八根。」亦有作「青流木」者，例見梁廷楠《粵海關志》卷十二〈稅則五〉：「青流木，每段收錢三十三文，中者收錢二十二文，小者收錢一十一文。」

〔7〕火耗：明清時期彌補所徵賦稅銀兩鎔鑄折耗的加徵。雍正時，火耗列爲正稅，存留地方備用。

〔8〕底，「底」之訛字。

〔9〕「共成十分」句：此爲分配「深」之尺寸之比例，即「青流三分，柴木一分，杉木六分」。下文即照此分配。

〔10〕漲一丈八尺六寸：即爲深一丈八尺六寸。以下文分爲三項，即杉木：一丈一尺六分；青流：五尺五寸八分；柴木：一尺八寸六分。

〔11〕「杉、青、柴」段，原抄本「杉、青、柴」及其下花碼，三列並排。

〔12〕〡≡〢〣文乂一：即「一七七二九四六」，訛。案，「先以長廿二丈三尺七寸在位，將濶七丈九尺三寸」，乘之應爲 23.37×7.93=177.3941（丈），即「一七七三九四一」。另，下文有「青流算法：計前原數目〡≡〢〣文乂在位」，即「一七七三九四」，與乘得之正確數字相符。此處及下文二處數目應同，故可證此處數字有誤。

〔13〕一＝、一六，，此頓點「、」爲原抄本所有。案，「一＝、一六」處，原抄本「一」下爲重文符號兩頓點「＝」，再下有一頓點「、」，再下爲「一、六」二字。頓點「、」與其下之「一」或可組成「二」，即「一一二六」。但校對上下數字，此處爲「一一一六」更相符合。○「一一、一六」：前文長濶相乘，所得數字應爲「一七七三九四一」（原抄本爲「一七七二九四六」），以之乘「一一一六」，得「一九七九七一八餘」，四捨五入，即爲「一九七九七二」（即原抄本之「〡文≡文≡〢」），與下文給出之得數相合。此益證前文之「一七七二九四六」有誤，及此處應釋爲「一一、一六」。

〔14〕乘之：此處指以「面木」之數（一萬七千六百）乘「濶」之數（八丈九尺三寸），而得底木之數（一萬五千七百十七）。

〔15〕「青流」，原抄本此二字前空一格。

〔16〕七百卅四根：「七百卅四」爲約數。用前數「九八九八六」（「文≡文≡一」），乘「七四一」，應得「七三三四八餘」，四捨五入應爲「七百卅三」，此處約

為「七百卅四」。

〔17〕「柴木」，原抄本此二字前空一格。

〔18〕川文文乂乂，此處計算疑訛。

〔19〕「三共得」段，低一格排。

〔20〕加一：即加一成。

〔21〕招、槁每根一分：乾隆《大清會典則例》卷一百三十六〈關稅〉：「招、槁、零木三項，均照實數，計根徵收。」

〔22〕巳，應做「已」。案，「巳」、「已」、「己」，三字字形相近，手抄本中本難分清。三字在原抄本中亦常混淆之，而又以寫「已」似「巳」為最多。為簡潔故，以下凡原抄本寫「已」形近「巳」者，均據改為「已」，不重複標出。

〔23〕牵木每根四分四釐：乾隆《大清會典則例》卷一百三十六〈關稅〉：「簰內牵木，點計實數，分別上次科納。」

〔24〕元：或指「元絲」。

〔25〕色平：各地銀兩收付均需確定「色、平、兌」三項，即銀兩成色、衡重標準與過付折扣。參見李有孚：〈漢口「洋例銀」概略〉，載楊熙春主編：《錢幣研究文選》，北京：中國財政經濟出版社 1989 年版，第 199～200 頁。

〔26〕褋，同「雜」。原抄本該字「礻」部寫作「衤」。

〔27〕□三折，原抄本「三折」在裝訂夾縫處，其左仍應有一字，無法查看，似有二橫，或為「亠」或「二」。據文意，似應為「亠」。

〔28〕「以上」段，低一格排。

十七、常德府德山至張家灣水路程途

德山十里 鄭公庙〔廟〕十里 白沙十里 牛鼻灘十里 红沙灣十里 葉塘澴十里 滄港十里 楊家嘴龍陽縣十里 结〔結〕港十里 东〔東〕港十里 香爐州十里 青陽灣十里 毛家嘴十里 下窖十里 老虎山十里 猪婆〔婆〕窖十里 羊湖口廿里 沙夹十五里 冷飯洲卅里 付家磯四十五里 斷頸山卅里 名山九十里 均山卅里 岳州府巴陵縣卅里 城陵磯十五里 荆〔荊〕河

口十里 向皮港十里 白羅〔1〕港十里 楊林磯臨湘縣卅里 羅山十里 伍家州十五里 黃家堡十五里 新堤十里 老關廟毛舖〔舖〕十五里 石頭關十五里 六溪口十里 龍口十五里 桃花港十五里 嘉魚縣十五里 濠洲五里 夏田寺十五里 老鼠〔鼠〕甲十五里 排洲十里 鄧家口十五里 東江腦十五里 纱〔紗〕帽溪十里 金口廿里 绢〔絹〕口卅里 湖北武昌府江夏縣卅里 青山廿里 八溪甫十里 洋羅卅里 雙牛夹十里 葉家洲卅里 弋雞港四十里 黃州府黃岡縣四十里 巴河廿里 南岐廿里 土腦嘴十里 黃石港卅里 道士符卅里 五吊原口卅里 蘄州廿里 鳥菱港廿里 田家鎮卅里 鄔〔2〕穴四十里 龍坪廿里 陈〔陳〕子鎮廿里 徐家灣卅里 葉家照卅里 九江府清〔3〕化縣十里 白水港廿里 段腰卅里 湖口縣卅里 石家渡五十里 彭澤縣五十里 葉陽鎮四十里 东流縣卅里 吉陽河廿里 黃石磯卅里 安慶府懷寧〔寧〕縣四十里 祝家嘴十五里 富池口十五里 李陽河十里 太子磯十里 宗陽河十里 烏石口廿里 水东塘廿里 池州府貴池縣十里 青溪口卅里 老鼠洲廿里 大通司卅里 銅陵縣廿里 鄧家洲十里 荻港十里 板石磯卅里 繁昌縣十里 芦〔蘆〕蓆浹〔陜〕廿里 教池十里 三山鎮卅里 螃蟹〔蟹〕磯卅里 魯港十里 蕪湖縣五十里 采石磯五里 頂馬山十里 和尚港十里 鳥〔4〕江鎮十里 江寧鎮十里 栗山十里 大勝關廿里 燕子磯觀音門廿里 瓜埠十里 礬〔礬〕山十里 龍潭駐廿里 青山廿里 儀徵縣起夫、印花〔5〕、過四閘，十五里 西坊寺十里 梁家灣廿里 东青舖十里 三汊河洋子橋十五里 揚州府江都縣報關查驗〔驗〕印花，換夫，十五里 五台山十里 灣頭十里 瓦窰〔窯〕舖十五里 八搭舖十里 邵陽鎮十五里 碾子頭十里 稽家閘十里 腰舖八里 露勛庙二里 卅里舖十五里 車還十五里 高郵南門印花、換夫，十里 通湖橋十里 新口子十里 清水潭十里 馬棚灣十里 六漫閘十里 看花洞十里 界首十里 七里閘十里 氾水十里 瓦甸〇十里〔6〕 劉家堡十里 龍王庙十里 寶応縣北門汛〔7〕印花、換夫，十里 八棧十里 黃舖五里 代家灣十里 平河礄十里 三舖十里 二舖十里 楊家庙十里 淮安府山陽

縣印花〔8〕、換夫，廿里 板闸關報闊查驗，十五里 清江浦闸清河縣印花，要船錨，不換夫，八里 二井十里 福興闸二里 通济〔濟〕闸二里 惠济闸又名天妃闸，五名〔9〕 封神埧〔壩〕黃河八里 北岸黃河進口頭埧楊家庄〔莊〕清河縣換夫，十二里 雙〔雙〕金闸廿里 三汊廿里 重興集對河桃源縣印花、換夫，七里 上河頭廿八里 崔鎮十里 卜家渡十里 古城廿里 白洋河十五里 陸家墩十里 小河口宿遷縣報闸查驗，廿里 浪馬湖口董家溝十里 汊路口五里 毛兒庄龍江淺十二里 皂河十里 直河廿里 田家口廿里 馬庄集十里 猫兒窩印花、換夫，十五里 新河口廿里 奕溝十里 梁王城十里 夹塘十里 台兒庄十五里 候〔10〕遷闸十二里 頓〔頓〕庄闸八里 丁廟闸十二里 萬年闸山東嶧〔11〕縣，印花、換夫，八里 張庄闸（即鋸梁橋闸）六里 六里石闸六里 德勝新闸廿四里 彭口闸廿里 夏鎮闸八里，換夫 楊庄闸卅里 朱枚闸〔12〕四十四里 刑庄闸十二里 利建闸十八里 南陽闸十二里，換夫 枣〔棗〕林闸十里 师〔師〕庄闸〔13〕五里 仲淺闸〔14〕六里 新闸六里 新店闸十八里 石佛闸六里 趙村闸六里 济寧州在城闸里半，換夫 天井闸卅里 通济闸卅里 寺前闸十二里 南旺下闸六里 分水龍王廟六里 南旺上闸十二里 開河闸十六里，換夫 袁家闸十里 靳家闸卅里 安山闸卅里，換夫 戴家庙闸卅二里 張秋十二里，換夫 荆门上、下二闸〔15〕八里 阿城上、下二闸十八里 七級〔16〕上、下二闸十二里 周家店闸十二里 李海務闸十八里 东昌府闸換夫，十八里 永通闸十八里 梁家闸十二里 土橋闸八里 魏家灣換夫，廿里 代家闸四十里 臨清洲上、下二闸卅里，換夫 半邊〔邊〕店廿里 油坊廿里 渡口駅廿里 武城駅四十里 甲馬營換夫，四十里 鄭家口五十里 故城縣換夫，廿里 四女寺十五里 鳥兒嘴十五里 德州換夫，四十里 白茶□〔17〕四十里 桑園換夫，卅里 安陵四十里 連兒窩換夫，十五里 大龍湾十五里 東光縣十里 油房口十里 夏口十里 北下口十里 伯頭換夫，十八里 齐〔齊〕家偓十八里 薛家窩十里 馮家口十八里 磚河換夫，廿里 滄洲廿五里 花園六里 屈闊池十五里 興集換夫，十五里 窑子口十五里 青縣廿里 蔡兒店廿里 流

河^{換夫，}_{十八里}　唐官屯^{廿五}_里　陈官屯^{十三}_里　雙塘^{十二}_里　静〔靜〕海縣^{換夫，}_{十八里}　独流^{四十}_里　楊柳青^{卅里}　天津府^{報闢查驗、換}_{夫，卅五里}　桃花口^{十二}_里　北倉^{十二}_里　蒲溝^{廿里}　下老米店^{五里}　皇店^{八里}　楊村^{換夫，}_{廿里}　便谷屯^{廿里}　蔡村^{十里}　火烧〔燒〕屯^{廿五}_里　獅花湖^{十八}_里　河西務^{換夫，}_{廿二里}　葉家口^{廿里}　香河縣^{卅八}_里　郝縣馬頭^{廿五}_里　張家湾

自〔18〕湖南常德起程，共五千三百廿五里至張家湾。

兵牌〔19〕護送，派經制官〔20〕一員，帶兵八名。

常德水師營，送一百里至

龍陽水師營，送三百七十五里至

岳州水师營^{守府衙门}_{在南门外}，送四百三十里至

武昌水师營^{衙门住保安}_{街，在漢口}，送一百六十里至

黃州府協鎮〔21〕^{衙门在府城东角}，送一百九十里至

圻州營，送二百一十里至

九江德化營，送六十里至

湖口縣^{燕〔兼〕}_{之水师營}，送二百八十里至

安慶營，送七十里至

李陽，送二百里至

狄港〔22〕遊〔遊〕兵營，送一百卅里至

梁山，送一百七十里至

南京北河口奇兵營右哨〔23〕印花，送一百五十里至

楊〔24〕州營，送一百廿里至

楊〔25〕州防守高郵州，送一百廿里至

寶应縣，送八十五里至

淮安營城守，送卅里至

河標中營城守清江汛，河標右營宿遷汛，山東台兒庄汛，山東沙溝營汛，江南徐州營河汛，江標左營汛，济寧城守營汛，河漂〔26〕中營汛，河標右營汛，壽張營汛，东昌營，臨清營汛，青城臨清營，景〔景〕州營故城汛，德州營汛，景州營安陵汛，景、德州營連鎮汛，薛家窩，馮家口，天津鎮石下口汛，磚河汛，滄州營，興济汛，青縣汛，馬廠汛，静海營汛，庚官汛，陈官汛，獨遠汛，鎮標城守營楊柳青汛，北馬頭汛，武青營蒲溝汛，天津鎮務闊路楊村汛，務闊汛，馬頭汛。

一〔27〕、簰到江寧，折卸〔卸〕搬運上岸，係將全簰言之工價，大小木攤〔攤〕均，每根約湏銀八、九釐，七折錢算口，連圈搭柵攔〔28〕、抬篷舖板，并搬運褙木及簰上所有之物在內。

一、江寧木行，向用孙〔孫〕士英、任聲華、江志三，賣木通用一色盬课〔課〕紋銀〔29〕，用工部庫秤〔30〕，每兩九五＝〔五〕兌，點灰銀三厘，行用〔31〕三分。

一、桅木木頭不鋸，俱長至六丈〔32〕二尺五寸之外，將梢削去。杉亦俱湏長三丈二尺五寸之外，裁去頭、梢。架、槁木只宜合式，頭、梢俱不用裁鋸。共給圍量手工價銀十二兩，九扣。至護木八百根，各闊俱有咨文〔33〕，隨帶護木及墊篷板片根仟，宜在八百數內。

一、桅、杉、架、槁木，共二千根，由江寧做簰十二緯。除総用簰頭一名之外，每緯攔頭〔34〕一名，水手二名，共水脚銀〔35〕十八兩，米二石，连〔連〕牌頭〔36〕工食〔37〕俱在內。自江寧抬木、保鋸、紮筏，至儀徵起夫日止，每日每名给米一升三合，荣錢五文；起夫之後，則無飯食。沿途馹站〔38〕照勘合〔39〕应夫〔40〕一百廿名，自儀徵縣起，至張家湾止。

一、張家湾公館，宜在闊帝庙內方，与河下木廠兩處相近。事竣，给道士香銀[若干]〔41〕兩，可先说明。

一、張家廠工部木廠一所，廠軍十名，共給土物十分，共约值銀[若干]兩，有于姓另给土物一分，约值銀[若干]。

　　一、桅、杉等木二千根，由河下搬入木廠，向係廠軍包運，共約用錢千餘，令于姓給銀。

　　一、保水護木，不可入廠，只宜暫放公館之旁。俟正項交完，無添補〔42〕更換，方可變價。

　　一、兵部、工部、吏部、工科投文〔43〕、勘合、掣批〔44〕、廻〔回〕照、算房、經木，及交飯用、零星使費一切在內，共銀[若干]。

　　一、飯食銀一百八十兩，庫銀京平，共需銀一百九十餘兩。

　　一、工部到廠收木，先送土物八色，約值銀[若干]；內外車價銀[若干]兩錢等。若有二位，每位兩門包〔45〕。

　　一、工部經承〔46〕二人，土物八色，約值銀[若干]；門包、工科經承約值銀[若干]。

　　一、工部官吏、量匠到廠，車夫、牲口，俱湏給銀。

　　一、到廠收木量〔47〕，每名給銀[若干]；收桅木另給木匠銀[若干]；隨收木家人不等。

　　一、官吏人等，自到廠以至事竣，每日桌席俱交廠軍辦做，只湏自己買備茶、酒、點心、蠟燭。

　　一、在廠收木，每日共給廠軍飯食錢[若干]。

　　一、交木时，宜查看圍量。登賬十號，即与工書一對，以免舛錯。

【校箋】

〔1〕白羅：即「白螺」，見乾隆《大清會典則例》卷一百三十五〈船政〉。

〔2〕鄔，原抄本「鄔」字之左部寫為「鳥」，訛。

〔3〕清，疑訛，應為「德」。案，本篇下文即有「九江德化營」。

〔4〕鳥，訛，應為「烏」。

〔5〕印花：嘉慶《大清會典》卷十五〈雲南清吏司〉：「沿途營汛，如有黏貼印花，抄寫掛號，並報入汛、出汛文書，每汛兵役每幫給銀二錢。」

〔6〕「里」，原抄本「里」字之左有「○」。

〔7〕汛，原抄本寫近「讯」，當爲「汛」。「寶応縣北門汛」，見道光《重修寶應縣志》卷六：「北門汛：步兵五名，八淺步兵五名。」○汛：清代軍事組織名稱。清代綠營兵制，凡千總、把總、外委等官弁所屬軍隊，稱「汛」，其駐防之地謂之「汛地」。沿邊、沿海、沿江處所及大道旁，按段設置墩堡，分駐官兵、各守汛地，稱爲「防汛」。其職責有防守驛道、護衛行人等，每汛隨兵員不過四、五人，但上下輪巡，聯絡方便，稽察易周。參見李鵬年等編著：《清代六部成語詞典》，第 273～274 頁。

〔8〕花，原抄本「花」字有塗改痕跡，原似錯寫爲「夫」，後在其上改爲「花」。

〔9〕五名，原抄本寫「五名」，疑訛，或應爲「五里」。

〔10〕候，應爲「侯」。《嘉慶重修一統志》卷一百六十六〈兗州府二〉：「又二十里爲侯遷閘。」

〔11〕嶧，原抄本寫近「绎」，應訛。案，「萬年閘」即在嶧縣，參見《嘉慶重修一統志》卷一百六十六〈兗州府二〉：「韓莊閘，在嶧縣西南運河上……又二十里爲德勝閘；又二十里爲張莊閘；又八里爲萬年閘；又十里爲丁廟閘；又六里爲頓莊閘；又二十里爲侯遷閘；又八里爲臺莊閘。向俱設有閘官，今惟萬年、頓莊、臺莊三閘有之，此縣境之八閘也，爲衛漕要地。」

〔12〕朱枚闸，即「珠梅閘」。光緒《魚臺縣志》卷一〈建置志〉：「珠梅牐北四十里（備考四十八里）至刑莊牐。」

〔13〕师庄闸，即「師家莊閘」，見康熙《大清會典》卷一百三十八〈閘壩〉。

〔14〕仲淺闸，即「仲家淺閘」，見康熙《大清會典》卷一百三十八〈閘壩〉。

〔15〕「闸」，原抄本此處有塗改，「闸」字上似重寫「人」字，錄爲「闸」。

〔16〕級，原抄本寫近「波」，查康熙《大清會典》卷一百三十八〈閘壩〉，有「七級上、下二閘」，錄爲「級」。

〔17〕□，原抄本該字寫近「宅」。

〔18〕本段「自」字及以下，原抄本低一格排。

〔19〕本段「兵牌」及以下，原抄本低二格排。○兵牌：清代乘驛憑信。清制，凡領有詔旨及關防敕印，解送物質等需要沿途派兵護送者，皆發給兵牌，填註應給夫馬車船樹木，並在兵牌後面黏貼用滿漢文書寫的尾單。沿途營汛驗明兵牌後，按規定撥兵護送，俱有定額。各營汛並於尾單內填註並無多索、遲誤字樣，鈐蓋印信。參見李鵬年等編著：《清代六部成語詞典》，

第 288 頁。

〔20〕經制官：經制官爲額定之員，以沅州協爲例，「元設經制官二十三員：副將一員、都司一員、守備一員、千總五員、把總八員、外委千總二員、外委把總五員」。參見曾岸、張錢雲編：《芷江縣志》（上），北京：中國言實出版社 2015 年版，第 288 頁。

〔21〕協鎮：綠營「副將」之別稱，可充協的領兵官，理一協之軍務，故而稱爲「協鎮」，又稱「協臺」。參見顏品忠等主編：《中國文化制度辭典》，北京：中國國際廣播出版社 1998 年版，第 331 頁。

〔22〕狄港：即「荻港」。光緒《大清會典事例》卷五百四十九〈江南綠營〉有「游兵營荻港汛」。前文亦有「荻港」。

〔23〕右哨：雍正《大清會典》卷一百三十四〈選陞通例〉：「至於獨營地方，千總有左哨、右哨之分。」

〔24〕楊，應作「揚」。

〔25〕楊，應作「揚」。

〔26〕漂，應作「標」。

〔27〕一，此處及以下各段首之「一」均爲單抬。

〔28〕攔，該字原抄本「門」部簡寫作「门」，「柬」部寫作「东」；其字當爲「欄」。

〔29〕盐课紋銀：指地丁、鹽課、關稅，所使用的足色紋銀。

〔30〕庫秤：《清朝續文獻通考》卷一百九十一〈衡制〉：「以庫秤爲標準，十錢爲一兩，十六兩爲一斤。」

〔31〕行用：指手續費或佣金。參見許寶華等主編：《漢語方言大詞典》（第二卷），第 2072 頁。即從木材交易價款中扣除的木行費用。參見潘志成等編著：《清江四案研究》，第 55 頁。

〔32〕丈，「丈」字原抄本先寫作「尺」，後塗改爲「丈」。

〔33〕咨文：清代官署間的平行文書，用於平行或不相隸屬的司、道以上的高級官署之間的文移。參見何新華：《清代朝貢文書研究》，廣州：中山大學出版社 2016 年版，第 45 頁。

〔34〕攔頭：《六部成語註解》：「攔頭，看守船頭之人也。」船工之一種，專門負責把守船頭的人夫。參見內藤乾吉等：《六部成語註解》，第 157 頁；李鵬年等編著：《清代六部成語詞典》，第 465 頁。

另外，沈從文關於湘西的小說《邊城》中有如是描寫：「另外還要有個攔頭工人，上灘下灘時看水認容口，出事前提醒舵手躲避石頭、惡浪與伏流，出事後點篙子需要準確，穩重。」見沈從文：《邊城》，長春：吉林美術出版社 2015 年版，第 108～109 頁。

〔35〕水腳銀：指水路運輸貨物運費。賣主發送貨物時，應將水運各項費用開列清單，交予買主，稱爲「水腳單」。

〔36〕牌頭，應爲「簰頭」。

〔37〕工食：工價和飯食之銀，通稱「工食」。清代各衙門員役及覓雇民壯等，皆支給工食。凡役食有支銀者，有銀、米兼支者。參見李鵬年等編著：《清代六部成語詞典》，第 95 頁。

〔38〕馹站：即「驛站」。

〔39〕照勘合：康熙《大清會典》卷一百十八〈郵驛〉：「凡官員奉差往還，及在外緊急軍情賫奏，沿途經過地方，有司驛站等衙門，務照勘合火牌糧單，即時應付馬匹，並廩給口糧公所。」

〔40〕応夫：即「支應夫馬」。雍正《大清會典》卷三十二〈起運存留〉：「至蘇松糧道起解漕項銀兩，不請勘合支應夫馬，應給銀一分四釐。」

〔41〕「[若干]」，原抄本此處留空，「若干」據文意補，以下皆同。

〔42〕添補：嘉慶《大清會典事例》卷六百七十〈木倉〉：「〔乾隆〕三十年奏定，湖南省解到桅木，俱與額定丈尺相符。其江西、江蘇二省，務令照依部定長徑丈尺採辦。儻大木實難足數，添補總不得過三、四根。」

〔43〕投文：投遞文書。參見吳士勳、王東明主編：《宋元明清百部小說語詞大辭典》，西安：陝西人民出版社 1992 年版，第 1003 頁。嘉慶《大清會典》卷十五〈雲南清吏司〉：「巡漕衙門，投送文冊，每幫給銀三錢。」

〔44〕掣批：即「掣給批迴」。《大清現行刑律講義》：「凡錢糧物料等項解送到部，當該官吏限文到三日內即行查收掣給批迴。如無故不收完給批者，照律計日治罪。至書役人等指稱估驗掣批掛號等項費用名色，借端包攬索詐者，許解官解役即於該部首告，交送地方審判廳照蠹役詐贓例治罪。」又，「舊例：各倉書役人等，向運官、運丁指稱掣批等項名色勒索者，照蠹役詐贓治罪」。《清朝續文獻通考》卷四十六〈雜徵〉：「勒令全數解部掣批備查，仍由藩司詳請覈題報銷。」參見吉同鈞：《大清現行刑律講義》，栗銘

徽點校，北京：清華大學出版社 2017 年版，第 155～156 頁。

另，至於此弊，李紱《穆堂稿》卷四十六有〈查領批掣批積弊檄〉及〈飭行掣批連環號簿檄〉二文論及。

〔45〕門包：指賄賂守門人的財物。顧炎武《日知錄》卷十三〈閽人〉：「《後漢書·梁冀傳》：『冀、壽共乘輦車，游觀第內。鳴鐘吹管，或連繼日夜。客到門不得通，皆請謝門者，門者累千金。』今日所謂『門包』，殆昉於此。」

〔46〕經承：清制，京吏有三：供事、經承、儒士。各部院衙門之辦事人員，如堂吏、門吏、都吏、書吏、知印等統稱爲經承。營繕司設經承十一人。參見呂宗力主編：《中國歷代官制大辭典》，第 573 頁；張德澤：《清代國家機關考略》，北京：故宮出版社 2012 年版，第 138 頁。

〔47〕量：當指前述「量匠」。

十八、江寧賣木龍泉馬價〔1〕

一尺	銀三分	一尺零半寸	銀二分五釐
一尺一寸	四分	一尺一半寸	四分五厘
二尺二寸	五分	一尺二寸半	五分五厘
一尺三寸	六分	一尺三寸半	六分五厘
一尺四寸	七分	一尺四寸半	七分五厘
一尺五寸	九分	一尺五寸半	一錢○五厘
一尺六寸	一錢二分	一尺六寸半	一錢三分五釐
一尺七寸	一錢五分	一尺七寸半	一錢六分五釐
一尺八寸	一錢八分	一尺八寸半	二錢○五釐
一尺九寸	二錢三分	一尺九寸半	二錢五分五釐
二尺	二錢八分	二尺○半寸	三錢○五釐
二尺一寸	三錢三分	二尺一寸半	三錢五分五釐
二尺二寸	三錢八分	二尺二寸半	四錢○五釐
二尺三寸	四錢三分	二尺三寸半	四錢五分五釐
二尺四寸	四錢八分	二尺四寸半	五錢○五釐

二尺五寸	五錢三分	二尺五寸半	五錢八分
二尺六寸	六錢三分	二尺六寸半	六錢八分
二尺七寸	七錢三分	二尺七寸半	七錢八分
二尺八寸	八錢三分	二尺八寸半	八錢八分
二尺九寸	九錢三分	二尺九寸半	九錢八分
三尺	一兩〇三分	三尺〇半寸	一兩〇八分
三尺一寸	一兩式錢三分	三尺一寸半	一兩三錢三分
三尺二寸	一兩四錢三分	三尺二寸半	一兩五錢三分
三尺三寸	一兩六錢三分	三尺三寸半	一兩七錢三分
三尺四寸	一兩八錢三分	三尺四寸半	一兩九錢三分
三尺五寸	二兩〇三分	三尺五〔2〕寸半	二兩二錢三分
三尺六寸	二兩四錢三分	三尺六寸半	二兩六錢三分
三尺七寸	二兩八錢三分	三尺柒寸半	三兩〇三分
三尺八寸	三兩二錢三分	三尺八寸半	三兩四錢三分
三尺九寸	三兩六錢三分	三尺九寸半	三兩八錢三分
四尺	四兩〇三分	四尺〇三分	四兩四錢三分
四尺一寸	四兩八錢三分	四尺一寸半	五兩二錢三分
四尺二寸	五兩六錢三分	四尺二寸半	六兩〇三分
四尺三寸	六兩四錢三分	四尺三寸半	六兩八錢三分
四尺四寸	七兩二錢三分	四尺四寸半	七兩六錢三分
四尺五寸	八兩〇三分	四尺五寸半	八兩八錢三分
四尺六寸	九兩六錢三分	四尺六寸半	十兩〇四錢三分
四尺七寸	十一兩二錢三分	四尺七寸半	十二兩〇三分
四尺八寸	十二兩八錢三分	四尺八寸半	十三兩六錢三分
四尺九寸	十四兩四錢三分	四尺九寸半	十五兩二錢三分
五尺	十六兩〇三分		

【校箋】

〔1〕「江寧賣木龍泉馬價」，本篇係列舉江寧賣木龍泉碼價，原抄本中，尺寸
與價銀中均有空格，此處照錄，并加以排列整齊。原抄本自「一尺」至
「三尺○半寸」，每列列三項；自「三尺一寸」至「五尺」，每列列兩項。
另外，此處句讀清晰，故不加標點。○龍泉馬價：本處所列江寧龍泉碼價，
與其他文獻所記載相吻合。陳錦《勤餘文牘》卷三〈結筏順清河記〉：「任
取一木，約距根尺有一把，量其圍圓，得若干尺寸爲若干馬，自圍一尺
馬，三分起，至六尺止，每半寸則一進馬，以次遞進。尺五分以上，每
進半分；尺四寸以上，每進一分，尺五寸五分以上，每進分半；尺八寸
五分以上，每進二分；二尺五寸五分以上，每進五分；三尺五寸五分以上，
每進一錢；三尺五寸五分以上，每進二錢；四尺一寸以上，每進四錢；
四尺五寸五分以上，每進八錢；五尺一寸以上，每進一兩六錢；五尺五
寸五分以上，至六尺，每進三兩二錢。統而計之，尺馬三分二尺，而馬
且八分矣；三尺，而馬已一兩三分矣；四尺，則四兩三分；五尺，則十
六兩三分；六尺，則六十四兩三分矣。法用句股，圍徑互乘，方圓遞積，
并計寬長，得此倍蓰，是爲『龍泉馬數』。古人制作之精，百世而不可易
者也。六尺以上，曰『飛馬』，言馬不可限量也；尺半以下，曰『錢馬』，
言馬不及一錢也；一尺以下，曰『不等』，言馬不列於等也。」

〔2〕「五」字前，原抄本「五」字前原有「四」字，被劃去，顯係筆誤。

十九、托口〔1〕

托口：床|百二三〔2〕；桌三十；檻川十；櫃床三尺寬方，價五百餘。

放牌三人一次，一兩五錢一回，獘〔發〕米共五斗。

買盬魚、炟〔煙〕葉，帶〔帶〕去賞苗子。

苗疆行家十餘户，每送盬魚、烟〔煙〕等項。

徽、臨兩幫牌，每百斧一根。如係河泑行內買就之木，行家原有，
每百〔3〕二根繳官。

買松板，每塊厚五寸，長一丈四尺，寬一尺二寸，價銀五錢亦有行用。

牌頭每月工食銀一兩，巡〔巡〕江〔4〕工食六錢，付至明年四、五月止。

札〔5〕牌每根四厘，買木牙用〔6〕每兩五分，折四分四厘。

錦屏縣尉湏送禮。

草把纜每七尺实六尺〔7〕一圍，二分四厘八折錢。

在托口问〔問〕俟〔候〕衙役，每人给米一升。〔8〕

【校箋】

〔1〕托口，此標題乃校箋者所加，原抄本所無。原抄本此處爲第 25 頁正面之始，且內容與前述龍泉碼價無涉。

〔2〕｜百二三：原抄本寫作一行。

〔3〕本段「百」字及以下，原抄本低一格排。

〔4〕巡江：應指巡江民壯。乾隆《雲陽縣志》卷三：「本府巡江民兵一十五名，每名工食銀七兩二錢。」嘉慶《梁山縣志》卷四〈戶賦〉：「本府巡江民兵一十五名，每名工食銀七兩二錢。」或指水手。乾隆《枝江縣志》卷三〈支銷〉：「巡江哨船水手一十名，原額工食銀四十兩。」

又，康熙《大清會典》卷一百四十七〈各差舊例〉：「公差御史，歷年裁復，例各不同。在京，則有巡視光祿、巡視十庫，掌本科。在外，則有巡按、督學、巡漕、巡江、屯田、茶馬等差。今存其舊制，以備稽考。」另，光緒《黎平府志》卷三下：「旋以松君語，特旨授臨江、徽州兩處巡江使者。」

〔5〕札，或當作「紮」。

〔6〕牙用：即牙行佣金、仲介費。可參見胡鐵球：《明清歇家研究》，第 188 頁及以下；徐曉光：《清水江流域林業經濟法制的歷史回溯》，貴陽：貴州人民出版社 2006 年版，第 60 頁。

〔7〕实六尺，原抄本「实六尺」三字以小字寫於「每七尺」之右。

〔8〕「给米一升」後，原抄本該面其後部分留空。隨後之「牌木」段，乃自下一頁起始抄寫。

二十、抵灘〔1〕

簰木約二萬根抵滩〔灘〕，出水上倉堆木，滇滩平滩色銀〔2〕二百餘兩不等。

一〔3〕、北河簰十二繂，每繂頭工一名、水手二名，水脚滩平滩色每繂銀十八兩，食米各二石，柴銀各一兩，包送至張家湾，自儀徵進口算起。

自北河口做簰，行江工食米盉菜，〔4〕出自官項；每頭工一月工食銀五錢四分，每日米算菜合算，每名日粜錢卅一文。水手做簰，食官飯，無工銀。擇吉開鋸，圍量叚木，滇用三牲。其圍量錢、鋸匠工食、飯銀十二兩，一概不管，工竣酌賞。

桅木下滩捆筏，小神福一個，每筏錢一百文。

【校箋】

〔1〕抵灘，此標題乃校箋者所加，原抄本所無。原抄本此處爲第 26 頁正面之始，與前述相隔，且內容顯非同篇。

〔2〕滩平滩色銀：「平」、「色」，即衡重標準與銀兩成色。

〔3〕一，單抬。

〔4〕行江工食米盉菜：舊時航運，船工須依趟數付給工資，另按貨物多少、途程遠近酌付「行江費」，即伙食費。參見梁鴻鷗：〈舊社會龍門浩行幫〉，載《重慶南岸文史資料》（第 4 輯），重慶：中國人民政治協商會議重慶市南岸區委員會 1988 年版，第 89 頁。

二十一、每筏应用各物

鑼十二面；錨十二口；鍋灶十二付；大箍頭二根每根五十餘斤；箍頭十二根每根十餘斤；錨頂十二根十餘斤；犁頭纜十二根；錨本纜十二根；北河纜十二根；平水纜廿四根。

桅旂十二面；每筏红布六尺；桅燈十二個；大旂二面；耳旂四面；金牌八面；门鎗〔1〕執事〔2〕。

紮小筏用艸把十二扛；扒扛十二个；槁、犁鑽各三個；旆線十二根。

開行祭江，湏用猪一口、羊一隻、三牲、供菓、戲一本。

每簰肉三斤，酒三斤；官頭簰〔3〕外加肉、酒一、二斤不等。每簰賞錢一百文，官頭〔4〕簰額外賞。

進儀徵口，小神福一個，每牌〔5〕錢一百文。

自北河開江進口，需漲船一隻，並甲長、水手，僱船過江，共錢三千二百文〔6〕。食米共六名，每名錢卅一文，出自官項。

觀儀門，小神福一个。過揚關，需飯食銀十餘兩不等。

過淮關，需費七、八十兩不等。

擇平風細浪渡黃〔7〕，外毛船廿四隻，清河縣应付每隻船賞錢八十文。

過宿遷關，需銀廿餘兩。

簰至台兒庄，小神福一個。過臨清關，需費十餘兩。

臨清，大神福一個。天津，小神福一個。

上北河，扛子會〔8〕錢一千二百文。

抵湾，倒扒竿，神福，每簰肉二斤、酒三斤照前大神福。

水手回南，每人賞盤費錢二百文。

自倒扒竿起，頭工飯食銀，照灘一樣辦理。

張湾出水進廠，需大錢八、九千文。

十二縳篷、皮毛、鑼、绳纜、鍋灶、扒竿〔9〕、榴槁、梁頭、板片，共價三百餘两，係〔10〕廠軍俞士璉承買。

其架、槁餘木，每根约賣六、七錢。桅、叚大木，張湾不得髙價，只有天津〔11〕可賣。

工科飯銀〔12〕一百八十兩，加平十八兩。〔13〕

投文、批〔14〕并各項，銀九十兩。

監〔監〕督〔督〕〔15〕二位，每位折儀銀四十兩，禮八色〔16〕監督家人各十二兩。

木匠二名，每人十六兩。書辦，禮銀十六兩。

皂隸〔17〕六名，共十二兩。〔18〕堂書〔19〕，銀十六兩。

酒席便飯一桌，錢八百五十文；酒席一桌，錢一千二百文。

下馬飯一桌，錢一千〇五十文。茶水夫二名，每名日給錢五十文。

毛、陈二廠軍，折儀銀六兩；〔20〕出水，廠軍神福錢一千二百文。

住關帝廟公館，銀十兩；張道人打碼百銀六兩。〔21〕

領迴批〔22〕、限照〔23〕，需銀壹兩五錢。各夫子沿途辛苦，賞艸鞋一百廿雙。

九江關稅，三百五、六十金；蕪湖稅，三百五、六十金。

南金〔24〕關稅，四百餘金。

北河簰十二吊，包頭約銀二百四、五十金。

包頭等，未過江吃官飯，過江後即自吃。

北河包頭趙夫海，灘行汪見山、滕茂林、胡晋〔晉〕金、陈致千。

【校箋】

〔1〕門鎗：即「門槍」，舊時高級官員出行儀仗之一。

〔2〕執事：舊時官吏出訪，所帶的牌、傘等儀仗。

〔3〕頭簰：木排編連時，可成一列，前為頭簰，後為艄排。參見沅陵縣林業局編：《沅陵縣林業志》，北京：中國文史出版社1990年版，第159～160頁。

〔4〕本段「頭」字及以下，原抄本低一格排。

〔5〕牌，應為「簰」。

〔6〕本段「文」字及以下，原抄本低一格排。

〔7〕黃：指黃河。

〔8〕扛，應為「杠」。○杠子會：杠子會是練杠子的武會，習練者多是棚匠，常

走會表演。參見岳永逸主編：《妙峰山廟會》，北京：光明日報出版社 2014 年版，第 115 頁；張定亞主編：《簡明中外民俗詞典》，西安：陝西人民出版社 1992 年版，第 414 頁。

〔9〕扒竿：乾隆《大清會典則例》卷一百三十六〈關稅〉：「丈量竹木簰筏：簰底設扒竿、鉤丈，有大扒、平扒之分。大扒竿，長二丈五尺，下置橫木八尺五寸，形如直鉤。簰深一丈以外，濶六七八丈不等者，為大簰。」

〔10〕本段「係」字及以下，原抄本低一格排。

〔11〕本段「津」字及以下，原抄本低一格排。

〔12〕飯銀：清代京官在正薪之外的補貼。葉名灃《橋西雜記·內閣飯銀》：「雍正六年，令各省督撫藩司，每歲各出銀百兩，為內閣侍讀學士等官飯銀，而不及學士。十年，山海關進羨餘三千兩，給內閣官員，學士與焉，而不及大學士。乾隆十四年，撥戶部銀庫平餘銀，及鹽關各差二十五處，每年計一萬有奇，而大學士、學士，一體受賜。其餘各官，以數遞減。閣中本匣紙墨之需，仰給於此。下至供事皂役紙匠，亦得沾溉焉。今飯銀庫，滿洲侍讀二人掌之。歷年各省積欠未解交者，為數甚夥。物力盈絀，固有今昔之殊矣。」

〔13〕工科飯銀一百八十兩，加平十八兩：本卷之二十二〈抵灣〉：「批解飯食銀一百八十兩，加平十八兩。」

〔14〕批：本卷之二十二〈抵灣〉：「工科辦驗批，折禮銀八兩。」

〔15〕監督：即「皇木廠監督」，屬工部，管理張家灣水次所運到之木材，任期二年。《清史稿》卷一百十四〈職官一〉：「其皇木廠、琉璃窰、木倉、軍需局、官車處、惜薪廠、冰窖、綵紬庫，滿、漢監督俱各一人。」

〔16〕監督二位，每位折儀銀四十兩，禮八色：本卷之二十二〈抵灣〉：「監督二位，折儀各四十兩，禮八色。」

〔17〕皂隸：衙門之差役。

〔18〕皂隸六名，共十二兩：本卷之二十二〈抵灣〉：「皂隸每人二兩。」

〔19〕堂書：清代中央部院機關之書吏。參見張政烺：《中國古代職官大辭典》，第 911 頁。

〔20〕毛、陳二廠軍，折儀銀六兩：本卷之二十二〈抵灣〉：「給毛、陳二廠軍銀六兩。」

〔21〕「住關帝廟公館」句：本卷之二十二〈抵灣〉：「租闤廟，張道達租錢十千
　　　文。」張道人，即「張道達」。

〔22〕廻批：光緒《大清會典事例》卷五百六十六〈提塘錄用〉：「又定，各部院
　　　衙門，遇該提塘所投公文、揭帖、批冊等件，查明數目，如不短少，即發
　　　給收到回批，以免舛錯。」

〔23〕限照：嘉慶《大清會典》卷十七〈管理大臣職掌〉：「解員回任，自填給限
　　　照後，直隸限二十日。」

〔24〕金，或爲「京」。

二十二、抵灣 〔1〕

　　桅、叚、架、槁莕木出水入廠，共錢九、十千文。

　　给毛、陈二廠軍銀六兩〔2〕。

　　给散廠軍五人，共銀二兩五錢〔3〕。並酌送土儀。〔4〕

　　租闤廟〔5〕，張道達租錢十千文，並送土儀。

　　監替二位，折儀各四十兩，禮八色，各约銀卅兩。

　　门包各三兩。又，曺〔曹〕管家另送十兩。

　　營繕〔繕〕司〔6〕經〔7〕周嚴，各送禮八色 约值銀廿餘兩，各门包二兩。

　　批解〔8〕飯食銀一百八十兩，加平十八兩 係京平〔9〕、庫紋〔10〕，交周經
承代交。

　　周經承包辦投文莕项，費銀一百廿兩。

　　工科辦驗批〔11〕，折禮銀八兩。匠人王陳各十二兩。又，小包〔12〕各
三兩。

　　陈匠人另给六兩 八扣；因陈匠人係內外兼收，故湏另送。

　　張先生十兩。又，桅木六兩，冊費〔13〕三兩 係代監替辦事者，並湏酌送土儀。

　　監替至張灣收木〔14〕，各随封八兩；堂書廿四兩；皂隸每人二兩；
皂〔15〕頭〔16〕康祿另给六兩。

承辦謝禮銀十六兩程孟偕煤市街〔17〕友于堂，乾井○○〔18〕對過。

經承 嚴　住觀音寺大外廊營孝友堂
　　　周　住前門外苔簵○○尚志堂。〔19〕

【校箋】

〔1〕抵灣：本篇敘述例木運抵張家灣事項。嘉慶《大清會典事例》卷六百七十〈木廠〉：「順治初年，定通州張灣二處，各設木廠，每廠差筆帖式二人，驗收運京木植。○康熙二十六年，題准通州木廠，停差筆帖式，將潘桃、古北等口運解木植，歸通惠河分司管理，造冊報部。其張家灣木廠，於本部司官內選一人監督，管理一年更代。凡江南、江西、浙江、湖南辦解桅、杉、架、槁等木到日，部委官丈量，記印斧號後交該監督如數暫行收貯。俟部委運木官到廠，即將木植照數點驗，交運木倉。額設廠役八名，以資看守。○四十年，題准裁通惠河分司，通州木廠，歸通永道管理。○乾隆三十年奏准，裁減額設廠役四名。○四十九年，奉旨，嗣後各省解到木植，著工部會同總理工程處查驗，分別應用。」

〔2〕兩：原抄本其字右下有標記符號，形狀約略爲短撇。

〔3〕錢：原抄本其字左下有標記符號，形狀約略爲短捺。

〔4〕「並酌送土儀」句，原抄本該句係加註於「给毛、陈二廠軍」及「给散廠軍」二列中間之下，結合其上文中短撇與短捺之標記，意思約略爲括號涵蓋，意即對於「毛、陈二廠軍」及「散廠軍」均「並酌送土儀」。

〔5〕關廟：即關帝廟。

〔6〕營繕司：屬工部，掌管各項營繕工程。詳見張德澤：《清代國家機關考略》，第138頁及以下。

〔7〕經，應即「經承」。

〔8〕批解：監押、看管。參見吳士勳等主編：《宋元明清百部小說語詞大辭典》，第730頁。

〔9〕京平：所謂「衡分平、秤、戥三種。平有京平、庫平、漕平之別」。京平最輕，一兩僅相當於公砝平之六到七錢重。見孟世傑編：《中國近百年史》，北京：知識產權出版社2014年版，第166頁；北京石刻藝術博物館編著：《新日下訪碑錄》（房山卷），北京：北京燕山出版社2013年版，第370頁。

〔10〕庫紋：即庫平紋銀。參見劉朝輝：《嘉慶道光年間制錢問題研究》，北京：文物出版社 2012 年版，第 165 頁。

〔11〕驗批：乾隆《大清會典則例》卷三十八〈庫藏〉：「十六年，題准直省起解錢糧，逕投各部，免赴京畿道挂號驗批。」〈田賦三〉：「十一年，覆准起解錢糧，布政使司立驗批簿，州縣於起解之先，豫期申報司庫，填入驗批簿內，一面起批，限期解交該衙門。該衙門仍將批發回。」

〔12〕小包：撐運木排的運排工俗稱「小包」，因其包攬運排，故名。參見常州市木材公司編：《常州市木材志（1800～1985）》，第 129 頁。

〔13〕冊費：造冊所索之費用。光緒《大清會典事例》卷三百六十八〈學政關防〉：「各府州縣書吏，及學政衙門書吏、門丁，均有卷費、冊費各項陋規名目。」另見李元度《國朝先正事畧》卷十二〈朱文端公事畧〉：「歲試報部，科有冊費，公不名一錢，以冊發郵遞部，科吏怒，不收。尋劾公造冊遲延，議降二級調用。」

〔14〕監督至張灣收木：每屆各省官員解運木材到廠，會同工部司員驗收，交運木倉存儲。參見呂宗力主編：《中國歷代官制大辭典》，第 616 頁。

〔15〕本段「皂」以下，原抄本低一格排。

〔16〕皂頭：衙役的領班。黃六鴻《福惠全書》卷三〈馭衙役〉：「上任入署，遂命皂頭選慣行刑皂隸八名。」

〔17〕煤市街：在舊宣武區東北部，北起廊房頭條，南至珠市口西大街，因煤市得名，清代始稱「煤市街」，爲大柵欄一帶之繁華街道。參見崔乃夫主編：《中華人民共和國地名大詞典》，北京：商務印書館 1998 年版，第 44 頁。

〔18〕○○，原抄本此處爲兩圓圈符號，下一段同此。

〔19〕觀音寺大外廊營：即觀音寺街大外廊營胡同。

二十三、過闢甘結〔1〕

具甘結。署湖南常德府同知事，今抈[某年月日]〔2〕与印結〔3〕，爲咨行〔4〕各省解送木植事。实結得畢〔卑〕府〔5〕押運乾隆丁酉年分〔6〕赴京栀、杉、架、槁等木，所有餘木，遵照丈量、纳〔納〕稅迄〔訖〕，其中竝無書役〔7〕需索等弊，所具甘結是实。

乾隆四十三年二月[某]日甘结，署湖南常德府同知〔8〕

【校箋】

〔1〕甘结：奉命承辦官府事務時所立的保證，稱「甘結」。據〈題報辦解桅杉架槁木植用過價腳銀〉：「照例委員量驗丈尺相符取結」。參見張偉仁主編：《明清檔案》，臺北：聯經出版事業公司 1986 年版，A232-011。

〔2〕「[某年月日]」處，原抄本此處空省約一列，即本列之下半部分，與下一列之上半部分留空。此係據文意酌補。

〔3〕印结：即蓋有印章的保證文書（保結）。如乾隆《大清會典則例》卷五〈月選二〉：「初選官，投互結並同鄉京官印結。候補官，止投原籍印結及京結。」

〔4〕咨行：平級機關相互行文爲「咨」；「行」即行文，表示對外發出文書。「咨」可分爲「咨請」、「咨行」、「咨查」、「咨覆」、「咨送」、「咨移」。參見劉文傑：《歷史文書用語辭典》（明・清・民國部分），成都：四川人民出版社 1988 年版，第 118、56 頁；龍兆佛：〈檔案管理法〉，載《檔案學通訊》雜誌社編：《檔案學經典著作》（第二卷），上海：上海世界圖書出版公司 2013 年版，第 346 頁。

〔5〕卑府：清朝官場用語，爲知府謁見督、撫、布、按時的自稱。參見呂宗力主編：《中國歷代官制大辭典》，第 525 頁。

〔6〕乾隆丁酉年分：丁酉年，即乾隆四十二年（1777 年），歲次丁酉。下文所署日期即爲「乾隆四十三年二月[某]日」。又，卷二之一〈禀藩憲〉：「○○於乾隆四十二年，曾奉委辦一屆。」

〔7〕書役：猶「書辦」、「書吏」，管辦謄稿案牘的屬吏。

〔8〕署湖南常德府同知：據查，乾隆四十三年（1778 年）時任湖南常德府同知爲都世喜，時年三十九歲。查嘉慶《常德府志》卷二十二〈職官表一〉載：「〔常德府同知〕都世喜，正紅旗人，〔乾隆〕三十九年任。」又，嘉慶《常德府志》卷八〈建置考二〉：「乾隆四十三年，同知都世喜營造一新。」查《清代官員履歷檔案全編》，「都世喜，正紅旗，滿洲皂王保佐領下生員，年四十七歲（乾隆五十一年），現任以同知借補奉天復州知州，由湖南常德府同知任內，乾隆四十五年九月奉旨准其卓異，註冊回任候陞。」參見秦國經主編：《清代官員履歷檔案全編》（第 22 冊），上海：華東師範大學出版社 1997 年版，第 99 頁。

但是，據乾隆四十二年〈題報辦解桅杉架槁木植用過價腳銀 〉：「署常德府同知、長沙府通判英安。」記載未詳。見〈題報辦解桅杉架槁木植用過價腳銀〉，藏臺灣歷史語言研究所（內閣大庫檔案 043429-001，乾隆四十二年十月二十四日）。

又，清代文書有署後銜制度，寫在年月日後，但以簡銜居多。或只書正職而不具名。此處「署湖南常德府同知」亦不具名，或是隱略。參見雷榮廣等：《清代文書綱要》，第 19 頁。

二十四、繳關防文 〔1〕

銜，〔2〕為申繳 〔3〕關防事。〔4〕窃〔竊〕〔5〕○○ 〔6〕奉委押運辛丑年〔7〕例木進京，玆扵九月初六日起程 〔8〕，所有乾字八千七百六十二號關防一顆，相应 〔9〕備文 〔10〕申繳

憲台 〔11〕，聽俟委員署理 〔12〕，為此 〔13〕，備由 〔14〕具申，伏乞 〔15〕照驗施行。湏至申行者。〔16〕

計申繳 〔17〕關防一顆

右申

藩憲 〔18〕

【校箋】

〔1〕繳關防文：繳，交還。上行文書中，將上級來文或某物交還上級的用語。參見劉文傑：《歷史文書用語辭典》（明・清・民國部分），第 185 頁。

關防：官印之一種，取「關防嚴密」之意，其制起於明初。清代正規職官用正方形的官印，稱為「印」；臨時派遣的官員用長方形的官印，稱「關防」，成定員後亦有沿襲不改者。各省總督、巡撫、欽差、參贊、鹽政、學政、總兵、副將、參將、游擊、守備、都司皆用關防，各部院掌理文書、銀糧、料物者，亦皆用關防。參見唐嘉弘主編：《中國古代典章制度大辭典》，第 273 頁；雷榮廣等：《清代文書綱要》，第 26 頁。

〔2〕銜：清代公文均須署前銜，此處之「銜」，當為具體官銜（前銜）之隱略。如黃六鴻《福惠全書》卷二〈申繳文憑式〉：「某官某，為除授官員事。」

關於清代公文署銜制度，參見參見雷榮廣等：《清代文書綱要》，第 18 頁及以下。

〔3〕申繳：即上交。黃六鴻《福惠全書》卷二〈繳憑〉：「上任之日，即將部憑照例申繳該衙門，轉申布政司，司詳撫院，諮繳部、科查銷。」參見徐梓編註：《官箴》，北京：中央民族大學出版社 1996 年版，第 263 頁。

〔4〕為申繳關防事：「為某某事」之句式，稱為事由。在題、奏本章中，又稱為「題頭」或「本頭」。其作用相當於公文的內容提要，其書寫位置則處於文件作者（前銜）之後，正文之前。本篇「為申繳關防事」前，即有「銜」。參見雷榮廣等：《清代文書綱要》，第 256 頁。

〔5〕竊：謙稱自己、私下。參見劉文傑：《歷史文書用語辭典》（明・清・民國部分），第 137 頁。

〔6〕○○，原抄本即類此為圓圈符號。

〔7〕辛丑年：卷二之一〈稟藩憲〉：「○○於乾隆四十二年，曾奉委辦一屆，奉有旧章，今復蒙憲台飭委○○接办辛丑年例木。」案，乾隆四十二年，歲次丁酉；乾隆四十六年（1781 年），歲次辛丑。二者間隔四年，此處辛丑年，當指「乾隆四十六年」。

〔8〕之扵九月初六日起程：據〈題報辦解桅杉架槁木植用過價腳銀〉：「擇於乾隆肆拾貳年玖月貳拾日開行」。兩屆例木開行時間相差不大。參見張偉仁主編：《明清檔案》，A232-011。

〔9〕相应：意即應當、應該。平行文書中，表示本機關、本官員應當如何辦理某事的用語，一般出現於文書的歸結段落。參見劉文傑：《歷史文書用語辭典》（明・清・民國部分），第 100 頁。

〔10〕備文：具備文書。參見劉文傑：《歷史文書用語辭典》（明・清・民國部分），第 89 頁。

〔11〕憲台：原為御史臺之別稱，後亦作下屬對上級官員的尊稱。參見鄭恢主編：《事物異名分類詞典》，哈爾濱：黑龍江人民出版社 2002 年版，第 331 頁。袁枚《隨園隨筆》卷十六〈稱司道憲臺非禮而稱之亦可〉：「鄂西林相公云：『今稱上官為憲臺者，非也。《晉書》稱漢罷御史大夫而憲臺猶置，以丞為主，御史中丞是也。《通典》唐龍朔二年，改御史臺為憲臺。是憲臺之稱，內惟都御史，外惟總督、巡撫當之耳。今通稱司道府為憲臺，誤

矣。』余按，元人黃縉《筆記》云：『漢因秦官，置御史大夫，掌副丞相，所居曰府，曰寺，曰憲臺。《朱博傳》但稱御史府，而後人多引博故事，稱柏臺、烏臺。蓋御史有二丞，其一在蘭臺，謂之中丞。其後御史大夫一官廢，獨存尚書、謁者，爲三臺，齊有都水臺、隋有司隸臺是也。唐雖改御史爲憲臺，而亦改中書爲西臺，秘書爲麐臺，不專以御史所居爲臺，則以憲臺稱上官，似可通融。』」

〔12〕署理：本任官出缺，由他人暫時代理或兼攝。

〔13〕爲此：清代公文用語。「此」，指前文所敘述之問題。在敘述情況之後，用「爲此」領起下文，表示對受文者提出要求或請求。「爲此」之後爲針對前述情況提出自己應當採取的措施、建議或處理意見。參見劉文傑：《歷史文書用語辭典》（明・清・民國部分），第 16 頁；余同元、唐小祥主編：《蘇州房地產契證圖文集》，南京：江蘇人民出版社 2014 年版，第 396 頁。

〔14〕備由：即「備具緣由」，一般爲上行文書中，表示詳細列出某事的原因，以供上級查核的用語。參見劉文傑：《歷史文書用語辭典》（明・清・民國部分），第 89 頁。

〔15〕伏乞：謙恭地請求，上行文書中表示對上級有所請求。多在文書結尾處。參見雷榮廣等：《清代文書綱要》，第 251 頁。

〔16〕須至申行者：「須至某某者」，爲公文書結尾處的固定套語。本無甚意義，但多相爲襲用，謹表示文書之完結，並標明文種。如呈文結尾可用「須至呈者」，牌文結尾可用「須至牌者」，牒文結尾可用「須至牒者」（如卷二之二〈移黎平府（一）〉，移文結尾可用「須至移者」（如卷二之七〈移靖州〉），等等。申，爲清代上行文書之一種。參見劉文傑：《歷史文書用語辭典》（明・清・民國部分），第 113、32 頁；雷榮廣等：《清代文書綱要》，第 256 頁。

〔17〕「计申繳」段，原抄本低一格排。

〔18〕右申、藩憲：如此行文及排版爲申繳之格式，乃指明受文者。參見黃六鴻《福惠全書》卷二〈申繳文憑式〉；雷榮廣等：《清代文書綱要》，第 38 頁。又，「藩憲」爲清布政使之尊稱，又稱「藩臺」、「藩司」、「方伯」等，主管一省之民政、財賦及人事。

二十五、辦木條欵〔款〕

凡看桅木，頭上〔1〕要四尺五、六寸五尺更妙〔2〕，長六丈，梢子必要壯貫，梢徑圍要二尺〔3〕四、五寸，週身必須端正，皮色務要鮮明。細看山驚〔4〕損〔損〕壞〔壞〕，枯莭〔節〕鳥眼〔5〕，地拔天空〔6〕，皮糟〔7〕斧傷，明補暗補，松香燒莭，及一切毛病〔8〕，必須細心看過，倘有差錯，不爲美矣。

叚木一項，辦理在人變通，頭徑合三尺六、七寸，梢徑合二尺二、三寸不等〔9〕，若長四、五丈更妙更好。交　部止取三丈二尺。至空虛〔虛〕破爛〔10〕，不宜取也。

一〔11〕、苗疆放桅、叚木到托口，每招約銀壹兩，每招計桅木六根，每招〔12〕計叚木十六根。

一、貴州毛坪、王寨、卦治三崗購買桅、叚等木，用九七秤〔13〕，每毛銀〔14〕一兩〔15〕八六折算，主家〔16〕实用錢二分，牙口〔17〕三分八折〔18〕，共計四分四厘。

號合式〔19〕桅、叚，只宜多號少買。〔20〕

或號二十根、十数根，议〔議〕極少價銀，或酌量增〔增〕添，我只挑選四、五〔21〕根，其價自肯減除。

苗疆行家有十餘家每送盐、烟葉、茶葉。

茅坪行家有监生、生員，都有體面湏请吃酒飯。

凡来講價苗子，俱与烟、茶。

桅木合式而又過頭者，每根毛銀廿三兩此係頂價，亦有十二兩、十四、五〔22〕、六、七、八兩不等，總不出廿三兩以外。

叚木二兩至三兩、五、六兩不等，總不出四兩以外。

桅木務要辦三、四十根方妥。

叚木務要辦五、六百根方妥。

恐〔恐〕有〔23〕不合式者，易扵挑選，方可繳工部。

總要〔24〕自己巡查，切弗聽書役、簰頭、巡江之话〔話〕。

【校箋】

〔1〕頭上：即頭徑。本卷之十一〈桅木、叚木合式係用部尺〉：「桅木頭徑圍圓四尺五寸。」

〔2〕五尺更妙，原抄本「五尺更妙」四字，乃以小字寫在「四尺五六寸」之右。

〔3〕本段「尺」字及以下，原抄本低一格排。

〔4〕山驚：「驚」，屬於木材缺陷名目之一，歸入「破」類，乃指「因被打擊而破裂者也」。參見陳嶸：《造林學各論》，南京：中華農學會 1933 年版，第 29 頁。

〔5〕鳥眼：屬於木材缺陷名目之一。參見《錦屏縣林業志》編纂委員會編：《錦屏縣林業志》，第 260 頁。

亦有作「烏眼」者，「杉木之大材皆有之，其外部僅有一小孔，而中部甚至有全腐者。烏眼之來由，為啄木鳥啄木成孔，濕氣侵入，霉菌寄生，而木材部腐朽。其檢查之法，視其孔眼向下之口徑較廣，而上部較狹者是也。又或扣木聆聲，亦足以證木質之良否」。見陳嶸：《造林學各論》，第 29 頁；熊大桐等編著：《中國近代林業史》，北京：中國林業出版社 1989 年版，第 418 頁。

〔6〕地拔天空：兩類木材缺陷之名目。「空」分五種，「地拔」即「根空」，指「杉材下端之空孔，亦分大空與小空」；「天空」即「梢空」，指「杉材梢部有空隙之謂，亦分大空與小空」。見陳嶸：《造林學各論》，第 29 頁；常州市木材公司編：《常州市木材志（1800～1985）》，第 213 頁。

〔7〕糟：即「槽」，屬於木材缺陷名目之一，指木材的不規則缺陷，讓篾根據具體情況而定。參見熊大桐等編著：《中國近代林業史》，第 418 頁；陳嶸：《造林學各論》，第 29 頁。

〔8〕「一切毛病」句：木材之病，參見陳錦《勤餘文牘》卷三〈結筏順清河記〉：「木無大小，無病而根杪具者入選，其中空、外裂、多節、無皮、短細、曲腫、蠹腐者，不與焉。」

〔9〕本段「等」字及以下，原抄本低一格排。

〔10〕空虛破爛：木材缺陷之名目，有「空、疤、破、爛、尖、短、彎、草（槽）」

八種；最後一種，亦有作「環」者。另外，還加上「鶴腿、燙皮（另一說是雞拐、腰鶴）、天空、地拔」四種毛病。參見《錦屏縣林業志》編纂委員會編：《錦屏縣林業志》，第 260 頁；常州市木材公司編：《常州市木材志（1800～1985）》，第 213 頁。關於木材質量與相關缺陷之描述、計算，參見「木材質量等級表」，載劉四麟主編：《糧食工程設計手冊》，鄭州：鄭州大學出版社 2002 年版，第 214 頁。

下文亦有「空疤破爛」之語（如卷二之二十六〈搭木執照〉及二十〈示（二）〉）及「空疤破損」（卷二之一〈稟藩憲〉）等。案，所謂「空、疤、破、爛」，其所指爲：「空」，分爲五種，即幹空、根空、梢空、鳥（烏）眼、魚鰓；「疤」，即死節，有軟硬之分；「破」，有破裂及驚傷二種，前者係材質已破裂之謂，驚傷爲因被打擊而破裂者，分內傷、外傷；「爛」，與「破」有所區別，「破」爲外部之硬傷，而「爛」爲木質之腐敗。爛傷較破傷爲重。參見陳嶸：《造林學各論》，第 29 頁；熊大桐等編著：《中國近代林業史》，第 418～419 頁。

〔11〕一，此處及以下各段首之「一」均爲單抬。

〔12〕本段「招」字及以下，原抄本低一格排。

〔13〕九七秤：謂相較於庫平而言之計算比例。參見陳伯熙編著：《上海軼事大觀》，上海：上海書店出版社 2000 年版，第 206 頁；程聯：《世界信託考證》，上海：商務印書館 1933 年版，第 584 頁。

〔14〕毛銀：「皇木案稿」之「白銀案」中，有關於「毛價」的記載。〈道光七年（1827 年）七月十五日李榮魁等呈貴州布政使司禁革低潮銀案控詞〉：「三江主家不許低色毛銀入江兌賬。」見潘志成等編著：《清江四案研究》，第 51～52 頁。關於毛銀，據稱爲先以「毛碼」折成「實碼」，乘「貫頭」而得「毛價」，再折爲「實毛」，「再用三一三與實毛相乘，得多積數，稱爲毛銀」，而「毛銀一百兩，只算九十五兩四錢的銀子」。當然，具體扣折有所區別。參見錦屏縣三江鎮人民政府編：《三江鎮志》，錦屏：錦屏縣三江鎮人民政府 2011 年版，第 840 頁。

〔15〕本段「兩」字及以下，原抄本低一格排。

〔16〕主家：〈嘉慶十一年（1806 年）三月初四日貴州布政使、按察使關於坌處爭江案處理文告〉：「該三寨苗人，與主議價成交。商人即託寓歇主家雇工搬運，紮排看守，每價與一兩，商人給錢四分，以爲主家給商人酒

飯、房租及看守木植人口，並紮排攬〔纜〕索等項費用。」又，〈民國 5 年（1916 年）錦屏、天柱兩縣木材貿易條規〉：「凡客商販木植，無論內外江，均係主家代購經理，一切於客商無甚增損……使外江客人得由主家引進江內買木。」參見潘志成等編著：《清江四案研究》，第 44、46～47 頁。

另，卷三之四〈致黔陽縣才公〉有關於主家功用之說明：「無論江西、徽州及本地客商，凡買有木植，均落在該主家店中買纜紮簰。俟簰紮就，即將木植若干，邀同主家赴關具報，聽候驗明斧買，從無紊亂。」

〔17〕牙口：即「牙行」。參見潘志成等編著：《清江四案研究》，第 60 頁。

〔18〕三分八折：即「二分四釐」。

〔19〕「號合式」段，原抄本低一格排。

〔20〕「號」、「買」處，原抄本「多號少買」之「號」、「買」二字右側各加有「△」符號，當表強調。

〔21〕本段「五」字及以下，原抄本低一格排。

〔22〕本段「五」字及以下，原抄本低一格排。

〔23〕「恐有」段，原抄本低一格排。

〔24〕「總要」段，原抄本低一格排。